世界
性文學名著大系

總編輯：陳慶浩

小說篇
法文卷

《世界性文學名著大系》凡例

㈠原則——本叢書有系統地收集各國性文學經典著作，依其性質分篇，如小說篇、詩歌篇、戲劇篇、文獻篇和研究篇等；各篇又按語種分卷，如法文卷、英文卷、日文卷和漢文卷之類。

㈡版本——採最初版本或經專家校訂之定本；採全本而不採删削本。書前並註明所採用之版本。

㈢翻譯——各書皆據原文，由精通中文及該文字之名家直接翻譯、絕不據第三種文字轉譯。

㈣序言及註解——各書皆由譯者或於該書研究有素之專家作序並加適量註解，以協助讀者更好了解該書。

㈤世界性文學書數量極多，涉及語種甚夥，選擇其中名著，誠非易事。編者見聞有限，如何選材，仍在探索搜尋中。然此爲開放性之叢書，可以增添新資料，修補缺漏。讀者中高人甚多，盼多批評指正，提出建議，使此大系得以提高，名副其實；則非只編者之幸，此套書之幸，亦爲社會之幸也。

《世界性文學名著大系》總序

陳慶浩

性文學是以性愛描寫爲重點或重點之一的文學。

沒有文字之初，文學是口頭流傳的，這就是我們所說的口頭文學或民間文學。未有文字民族的文學都是口頭文學；即使有了文字，教育普及，民間文學也沒有衰亡。部分情歌、笑話以及所謂葷故事，都是性文學。但由於社會禁忌，這些資料只有很少的部分記錄下來。俗文學中的性文學資料更多。畢竟文學敍寫人生，而性愛又爲人生的重要部分。在個體生存獲得保證後，種族的延續是靠性來維護的。雅文學中的豔情詩詞歌賦都是性文學，小說和戲劇，更不乏性文學的巨著。

不同的民族創造了不同的文化，不同的文化對性愛有不同的觀念。即同一文化，在不同的歷史時期，對性愛的觀念也是不同的。這種不同的觀念也影響到對性文學的態度。以西方和中國為例。古代希臘人對性愛抱著欣賞和寬容的態度，自由地享受性的愉悅，同性戀、異性戀與雙性戀都被看成是自然的。古希臘的神話、戲劇、詩歌以及雕塑和繪畫，都充滿性愛的題材。比較其他民族，古希臘哲人更崇尚理性、追尋永恆的理念。柏拉圖認為只有永恆不變的理念才是完善的，是具體事物的範型，而具體事物只是理念不完整的摹擬，是較低層次的。人亦如此。生理美引起的性愛只是永恆之美的理念的不完善呈現，應該加以昇華，通過文學、藝術，特別是哲學，達到更高層次。亞里斯多德認為性愛可能導致美德，但抨擊縱慾。羅馬承繼希臘文化，對性愛也有相似的看法。古代羅馬人和希臘人一樣都有陰莖崇拜，欣賞人體美，出現了不少性愛的文藝作品，特別是春宮畫。但在這時期，也出現了極端的縱慾和禁慾的理論和生活態度。

隨著羅馬帝國衰亡，基督教興起。早期基督教重視靈魂，輕視肉體，認為性愛使人墮落，提倡禁慾，鼓勵獨身。但性愛既屬本能，又是生殖的必要條件，因此强化一夫一妻的婚姻制度，取締一切非婚和非以生殖為目的的性關係。通姦、手淫和同性戀等，都是罪惡的。教會全面而且持久地介入社會和家庭生活中，强烈抑制性愛，禁絕了文藝的性愛表現。這是西方延續千年的中世紀黑暗時代。接下來是文藝復興和宗教改革，個人重新發現，希臘羅馬古典文明再生，社會現世化和教會世俗化，對性愛態度相對寬容，產生了很多以性愛爲題材的文學藝術作品。但中世紀的性愛觀念已深入人們意識，成爲西方文化中不能擺脫的部分。

這個混合的性愛文化，在西方各國，不同的歷史時期有不同的表現，且隨著西方的擴張，散播到世界各地，成爲世界的主導思想。本世紀開始了對性愛的科學研究，中世紀的性愛觀念愈來愈沒落，禁忌被打破，文學藝術中以性愛爲主要題材的作品直到七十年代起才合法化；在這以前，很多作品還被以色情、妨礙善良風俗等罪名被禁止公開流通。

古代中國和其他民族一樣有生殖器崇拜，並從生殖推衍到天地萬物之源。作爲中國漢民族哲學的基礎《易經》即謂「男女構精，萬物化生」，「雲行雨施，萬物流形」，「天地感而萬物生」，「天地不感而萬物不興」云云。《易經》卦辭中有不少涉及性愛的文字。有人以爲，卦爻的陰陽，其實是男女性器官的符號。儒道兩家對性愛都採取自然和積極的態度。社會對性並沒有甚麼禁忌，可以公開談論，和古代希臘羅馬差不多，只是還未出現將肉體之快樂低於精神之快樂的學說。我們在《詩經》和其他先秦文獻中，可以找到若干性文學作品，也有一些藝術品保存下來。此時亦可能已出現房中家，專門研究性愛技巧、性健康、育嗣等問題。房中家後來被道家吸收，成爲道家一個流派，又有部分溶入醫家中。

東漢時佛教傳入中國，爲中國文化增添了新的因子。佛家以超脫生死爲宗旨，視存在爲虛無，以生即是苦，貪愛爲苦因。性愛生育，旣造苦因，又結苦果，故僧尼皆獨身。佛教爲性愛定下很嚴厲的戒律，不能不影響到漢代以後中國人對性愛的態度。但佛教只是中國人衆多信仰的一支，入中國後也華化了，且佛教中也有對性愛持寬容甚至是積極態度的流派（如密宗），故明清以前，中國對性還是比較開放的；特別是唐代。這一時期出現了不少以性愛爲題材的繪畫和豐富的文學作品，亦有頗多的房中著作。宋代以後儒學復興，產生了宋明理學。宋明理學是儒學吸收佛學後形成的。理學家提倡「存天理，滅人欲」，宣稱「餓死事極小，失節事極大」。除了生育的目的，性愛自是人欲，在除滅之列的。朱熹一派的理學在元代以後被立爲官學，使這種理論成爲社會的主導思想。明清以來中國社會的性抑制、性禁錮形成的原因仍有待研究，但官學的影響是一個不能忽視的因素；專制制度强化，亦有直接的關係。不過宋元兩代性控制仍不太嚴，宋詞元曲，宋元話本等，都有以性愛爲題材的作品，政府也沒有禁止這類作品流通。

明代特別是晚明出現很奇特的現象，一方面是理學受到官方的提倡深入到社會生活的各個角落，開始禁性文學甚至一般涉及愛情的作品，並製造出大批的節婦烈女。另一方面則是上層的性放縱，和伴隨著經濟發展、都市繁榮，性文藝創作空前興盛。這時出現質量甚佳的春宮畫和數量可觀的性愛小說，還有若干性愛內容的民歌和民間故事（特別是笑話）也被記錄下來。這種盛況一直延續到清初，到清朝中晚期，開始嚴厲取締「誨淫誨盜」的圖書，才將這一熱潮平息下來。社會各階層所受性禁錮的程度各不相同，最上層宮廷和達官貴人，向來都有不受限制的特權，最低層的小民百姓，則視其所處地域之風俗習慣而異；最受影響的是中層階級，特別是知識分子。性文學在禁令下祕密流通，只是產品愈來愈粗俗而已。春宮則以辟邪和箱底畫等名義公開傳播。性愛題材的民間文學、小曲和戲劇，自然還繼續流傳。可以說在本世紀以前，中國沒有出現過像西方黑暗時代那樣對性愛嚴格控制的時代。但我們也不能遺忘中國歷史上可恥的閹人和小腳，還有很多浸透血淚的貞節牌坊。

西方入侵帶來西方文化包括西方性文化，它已和傳統性文化融混成為目前流行性文化的一部分。同性戀被作為社會問題討論，正是西方性文化東傳的結果；中國歷史上從不將同性戀看成罪惡，而是將它看成性愛的一種形式，不加禁止的。本世紀五十年代到八十年代的中國大陸，是中國歷史上性禁錮最嚴酷的時期，尤以文革十年達最高峯。中共政權混雜了傳統道學家和以史達林主義爲代表的西方中世紀教會的性愛觀念，對大陸人民進行性統制。性愛成爲低下的東西，非婚性關係、婚前性關係、同性戀等都是犯罪的。禁止一切涉及性愛的文藝作品、包括民間性文學，除去少數圖書館及文物機構外，全面收繳並銷毀一切性愛的書籍和文物。全面性壓制的結果造成全民的性無知，這種情況直到近十幾年來的改革開放政策提出後才開始轉變。大陸近年來的性文化研究熱，就是這種改變的結果。今天的中國性愛方面的特點是意識形態的性禁忌和現實生活的性放任，多重的標準，使社會生活在虛僞和矛盾中。

中國和西方歷史顯示，當社會對個人的控制越緊，性禁忌就越多，性禁錮就越嚴厲。獨裁者都是通過性禁錮來顯示道德品質的高尚，以表明其政治理想之崇高。納粹德國就曾焚性文學書、禁性愛研究、制裁非婚性行爲。泛道德主義是這類政權的特色，政治迫害甚至政治鬥爭，幾乎都是從道德問題開始的。道德敗壞的人，政治以及其他一切自然都是壞的；而道德品性純潔的人，即使有這樣那樣的缺點，也是可以原諒的。中共歷次的政治運動，都是這樣的模式；歷來評論人物，亦難脫此模式。而違反性禁忌，是道德敗壞最有力的明證。性問題歷來是權力鬥爭的利器。不單中國如此，英美諸國皆然，只是程度不同而已，似乎只有當代歐洲大陸的公衆人物較少受到性干擾。性禁錮程度可作爲個人自由度的一項指標。人類自身解放的歷程中，不斷打破形形色色的禁忌包括性禁忌。性愛是個人最切身的權利，是一項最基本的自由，不應該被拿來作爲社會控制的工具。歷史上個人的自由被一點一點地掠奪，也要一點一點地爭回來。禁忌妨礙心靈的自由，個性的解放。

今天，在台灣，當政治禁忌已被打破之後，打破性禁忌就被提到日程上來了。在政治權威消失以後，社會上瀰漫在泛「道德」的氣氛中。而所依循的，還是舊秩序下的道德，有濃烈的絕對主義色彩。而一切訴諸道德，正是專制制度的溫床。性禁忌，正是這些道德維護者的利器。將爭取個人性自由，打破性禁忌看成性放縱，而性放縱正是社會解體和個人墮落的表徵。在特權的社會中，有權有勢者可以爲所欲爲，沒有每個個人的自由，包括性自由。個人的自由是建在自尊尊人的基礎上，它勢必形成社會的公共契約，處理社會事務基於法律，而非訴諸道德。自由不可能使每個個人變成不受限制的特權人物，而是使每個個人成爲平等的公民；公民有權利和義務。自由意味著責任。在專制制度下，統治階層一般將百姓當爲芻狗，好的亦只將百姓當成子民，要作之君作之師。對統治者來說，百姓並不是心智成熟的人，甚麼事都要他們來作決定。他們壟斷資訊，按等級分配享用，包括性愛相關的資訊。甚麼人可讀甚麼書，都是由他們決定的。但在民主制度下，人民沒有任何理由去承認政府官員比自己高明，由官員們替自己決定那些是自己不應讀的書。自由獲得資訊是公民的基本權利。自然我們還要注意到還在成長中的少年兒童，他們理應受到適當的保護。但絕不能以保護少年兒童爲藉口，去剝奪成年人的權利。

性文學是文學不能分割的一個部分，過去由於性禁忌，既不可能閱讀，更談不上研究。西方世界也只是在六七十年代，才逐漸解除對性文學作品出版和流通的限制，一代人過去了，並沒有出現道德之士所擔憂的社會解體和個人普遍墮落的情況，社會也沒有風起雲湧去爭讀性文學書籍；它只是衆多文學作品的一種罷了，正如衆多電影中的色情電影，並不引起觀看的熱潮。倒是因爲開放，人們得以以平常心看待，使得性文學的質量和研究得以提高。台灣比歐美遲二三十年，現在是可以開放性文學的時刻吧？台灣總不能置身世界大流之外，況且打破性禁忌，也正有社會開放個人自由的象徵意義。自由的愛和愛的自由是不能分開的。目前學界對本國漢文性文學資料了解甚少，遑論其他文字的性文學。為此，我們決定編印這套《世界性文學名著大系》，系統地介紹世界上各種語文的性文學名著，包括詩歌、戲劇、小說以及相關的資料和研究。這是世界上第一套有系統的世界性的性文學叢書。西方出版過多種性文學選本、性文學叢書，但他們對東方性文學所知甚少，採用的只是西方的資料。且所用資料，未經嚴格的有系統的挑選，沙泥俱下，卻又非無所不包的全書，帶有很大的隨意性。本《大系》是在收集大量作品的基礎上，再按該作品在文學史上的地位及其在性文學方面的成就篩選出來的。這些作品都是該國文學名著，是性文學的經典。

人的生活有目的性，性愛非只本能，而是後天學習到的行為模式。不同的文化模式塑造其成員的不同性類型，這在各民族中的性文學中有較集中的反映。《世界性文學名著大系》使我們看到不同文化在不同時期對性的不同看法，人們往往將自己當下的性模式看成天經地義的必然，擴大視野，就會認識到被認為必然的在別的文化中並非天經地義的；即在本文化不同的歷史時期中，亦有不同的看法。只要有開闊的胸懷，我們自然對不同的性表現抱著寬容的態度。長期以來，性文學是個禁區，在這新的歷史時代，隨著《世界性文學名著大系》的出版，文學愛好者不但能夠讀到漢文的性文學名著，也經由翻譯，讀到世界各種語文的性文學名著。對於文學研究者，這套書的功用是明顯的，集合各種語文的性文學名著，自方便作比較研究。性文學很集中地反映民族文化，西方的性文學自然和東方有很大的差異，即西方諸國也各不相同，法語、英語、德語的性文學名著，都有各別的面貌。也許這麼一套書，對想了解不同文化的人，能有些許助益吧。

一九九四年七月於台北

維奧萊特的羅曼史

Le Roman de violette

(法)馬努里伯爵夫人／Comtesse de Manoury 著

微谷 譯

本書根據法國原版譯出

一部略有優雅風度的性小說

——關於性描寫中的從容

柳鳴九

這本初版於一八七〇年的小說，從其敍述藝術與文筆風格來說，可謂賞心悅目之作，它的敍述輕靈活潑，絕不拖泥帶水，也不瑣細繁雜，頗能引人入勝，它的文筆明曉清晰，純淨自然，讀來甚感暢達愉悅，僅就此而言，作者似乎出手不凡，頗有名家風範。

小說的開頭，「我攜我唯靈論的生命之本，越過人類之鏈，終於躋身於火星公民之列」一段，寫得甚有點靈氣，與《紅樓夢》中借「石頭記」的神話，故將眞事隱去的第一回，頗有異曲同工之妙。

小說第一章中，關於巴黎杜伊勒利公園情景的文字，就是相當出色的散文。它把這個王家林園一日的光彩顏色，描寫得簡潔而又生動，與歐陽修寫醉翁亭處山間朝暮景色之不同，似可比美。

「夏天，晨曦微露時，野鴿子在葉叢中的高枝上叫個不停；然後，隨著黃昏的到來，一切都歸於靜止和沈寂。

十點鐘，敲起了閉園鼓，柵欄門關上了。在天清氣朗的夜晚，月亮緩緩升起，淡淡的月光給樹梢抹上了一層銀白色。

通常，在月亮升起的同時，一陣微風拂來，使得光線在抖動的樹葉中搖曳，於是，它們像是醒來了，在生活著，吸入愛情，又呼出快感。

然後，漸漸地，窗戶一扇扇變暗了，宮殿的輪廓已不再清晰，僅隱約可見，黑魆魆地顯現在幽藍而透明的天幕上。

又漸漸地，隨著一輛馬車或四輪公共馬車駛遠，城市的喧囂聲也消逝了。萬籟俱寂，耳朵因而張開了，唯聽得沈睡巨大的呼吸聲。

目光於是落在這宮殿上，落在這樹羣上，它們那一動不動的龐大身軀，在黑暗中顯得莊嚴、雄偉。我常常就這樣好幾個小時地在窗前遐想。」

以上，這兩個例子也許多少可以說明這本小說在藝術風格上可能具有的價值，而對此之所以值得一提，則是由於這部小說卷首的那一段說明，這段說明指出：「這本悅人的艷情小說之作者，時而被說成是亞歷山大·大仲馬或泰奧菲爾·戈蒂耶，時而被說成是亞歷山大·小仲馬或居伊·莫泊桑。」

這裡舉出的四個作家都是法國文學史上的傑出人物。一部匿名作品或一部不能確定其作者的作品，被人認為可能是出自某個大作家之手，這對它來說，可不是一件壞事，如果被認為可能出自某幾個大作家之手，那就更是件不容易的事了，足以使人刮目相看。不過，為什麼這部小說會被認為可能與這四位作家，而不是與其他的作家有關呢？

首先，小說中的自敘者「我」自稱是一個有「舞文弄墨的癖好」的人，而且整個作品中涉及文學藝術的言談與典故實在相當多，出語不俗，頗有見地，像是一個頗有功底的文藝人士，與這四個作家的層次尚能相稱。其次，自敘者所敘述的是自己與一個年輕得很、幾乎還像個未成年的小女工的同居經歷，這更像此四人所都具有的成堆的風月情緣中比較常見的事例。當然，這倒不是說其他不失風雅的作家，如巴爾扎克、雨果的風流韻事中，就完全找不到小女工的倩影。以雨果為例，他七十歲高齡時，還獲得了一個二十二歲的洗衣女工做自己的情婦。

事實上，在十九世紀的巴黎，年輕的小女工形成了一個特殊的族羣，一個似乎專門爲有產者、小資產者、特別是爲知識份子提供美妙生活樂趣的族羣。她們年輕活潑，滿懷激情與愛的渴望，她們純潔天眞，還沒有在社會染缸中被汚染，只要一動感情就情願委身於人而又不索取任何代價，與妓女有天壤之別。對男性來說，這個如花叢般的族羣，簡直就是一支可愛的情婦隊伍，從中可以挑選或談情說愛、或逢場作戲、或密室藏嬌的對象。但這些小女工的天眞爛漫往往是她們吃大虧的開始；而殘酷的現實，又往往迅速地將她脆弱不堪的社會地位壓得粉碎而導致她們的淪落，賣笑生涯終歸會成爲她們難以逃避的命運。十九世紀的巴黎作家自然會在不止一個方面深受這個令人憐愛的族羣所吸引，並把她們引入文學作品。以實有才情而著稱的繆塞就寫過一篇小說《咪咪潘松》，其副標題就是「巴黎小女工的素描」，其中有這樣一大段對這種人物的讚美：

「第一，她們品德高尙，因爲她們整天縫製對節操、對廉恥最必要的衣服；第二，她們都很乖，因爲沒有哪個內衣店或者其他店的老板娘不囑咐那裡的女孩子對人講話要禮貌；第三，她們很細心，很乾淨，因爲她們手裡邊不停地擺弄著布呀，內衣呀，她們不能弄壞，不然就要扣工錢；第四，她們很誠懇，因爲她們喝的是又香又甜的酒；第五，她們都很節省，很儉樸，因爲她們賺三十個銅板實在不容易。如果有時候表現得貪吃、濫花錢，那花的一定不是她們自己的；第六，她們很快活，因爲她們的工作通常都令人煩得要死，一旦活兒幹好了，她們就像魚兒在水裡一樣歡蹦亂跳。她們還有一樣長處，就是絕不礙手礙腳。她們一天到晚釘在椅子上幹活兒，動也不能動，所以她們絕不會像上流社會的太太們那樣死追著她們的情人。還有，她們都不大說閒話，因爲幹活的時候需要一針一針地數。她們穿鞋更省，因爲她們走路少，化妝品用得也省，因爲沒有人肯賒給她們」。

當時文壇泰斗維克多·雨果的偉大傑作《悲慘世界》的第一部《芳汀》，寫的就是這樣一個小女工的悲劇故事，其感人之深足以催人淚下。由此可見，巴黎小女工與法國文學的關係甚深，把《維奧萊特的羅曼史》擺在這個淵源關係的背景上，人們猜度它可能出自一個對此一族羣比較了解的作家之手，也是可以理解的。

至於，爲何猜度到戈蒂耶這個風流詩人身上，可能是因爲小說的自敍者不僅自稱爲文人，而且在不止一處自稱是一個畫家，還經常作畫，擁有自己的畫室，這很容易使人聯想到戈蒂耶本人對繪畫的愛好與曾致力於繪畫藝術的經歷。小說中自敍者精闢地道破戈蒂耶的小說《莫斑小姐》一書，乃出於寫「雌雄同體」，「兩性合一」的隱寓意圖，似乎只有小說作者本人方能做到，而小說中對人體美的那麼動情描寫則又是人們在戈蒂耶的著名詩集《琺琅與雕玉》中所能看到的。爲何猜度到大仲馬父子身上？則可能是因爲小說中對劇場情景與演員生活有很眞實、生動、出色的描寫，而大仲馬、小仲馬父子都從事過戲劇創作，與戲劇界、演藝界均有深交，對之瞭如指掌。至於莫泊桑之所以也被猜度爲本書的作者，則可能是因爲小說中的自敍者「我」一開始就說「自己的憂鬱症頻頻發作」而這令人聯想到莫泊桑因生活放蕩過度，傷壞了身體並導致腦神經出了毛病。

法國人自己通過考證，初步認定了此書「似乎是」一位名叫莫里亞克·德·布瓦西翁（Mauriac de Boissiron）的婦女所作，這位婦女的封號則是馬努里（Manoury）伯爵夫人，雖然法國沒有絕對肯定了此書的眞實作者就是這個女人，但這件考證工作反正應該由他們自己來做，也只有他們自己才能作出最後判斷，正如要考證出曹雪芹是在北京西郊何處寫出了《紅樓夢》，只有中國的紅學家才有充分的條件來做一樣。但在有關的書籍中，法國人自己對此位女士亦語焉不詳，在大型文學辭典中，根本不見此人的名字，在有關的專門著作中，也介紹甚少，我們不知其生卒年，只從一本保爾·魏爾蘭的傳記中得知以下若干片斷的細節：

「魏爾蘭離開巴黎數日前往諾曼第，他得到一位女士的邀請前往她府上。她是非常仗義的婦女，慷慨大方，待人誠懇。她並不漂亮，甚至有些土里土氣，但天生以後會要艷事不斷而又醜名張揚，因爲她接二連三輕率地委身於一些不擇手段的壞男人而被他們盤剝一光。她名叫馬努里侯爵夫人，她很殷勤好客，慷慨仁厚，因爲有一大筆產業，喜歡招待客人，留宿過客，她常熱衷於結交一些詩人、藝術家，特別是那些頗有放浪不羈之名的人士。」❶

關於這位女士，人們還知道另一部艷情小說《上校的表姐妹們》，也可能是出自她之手，如果這兩書的作者確實是她，何以她能寫出這樣兩部小說，人們就所知不多了。

不論《維奧萊特的羅曼史》是誰寫的，它作爲一本艷情小說，對性愛的技藝與描寫性愛的技藝倒頗得個中眞諦。

在小說中，敍述者「我」對小女工講了一段頗有見地的話：「當一個女人的情夫，我美麗的小維奧萊特，就像在幸福的字母表上，到達了普通字母表上最後的那個字母Z，得，在到達最後這個字母之前，先要通過前面二十五個字母，吻手就是第一個字母A」，這段話與《水滸傳》中「王婆貪賄說風情」一回裡王婆對西門慶分析如何一步步引潘金蓮上鈎入港的那一番話，頗有異曲同工之妙，且看王婆是怎麼說的：

「大官人，我今日對你說：這個人原是淸河縣大戶人家討來的養女，卻做得一手好針線。大官人，你便買一疋白綾，一疋藍紬，一疋白絹，再用十兩好綿，都把來與老身，我卻走將過去問她討茶喫，卻與這雌兒說道：『有個施主官人與我一套送終衣料，特來借曆頭。央及娘子與老身揀個好日子，去請個裁縫來做』。她若見我這般說，不睬我時，這事便休了。她若說：『我替妳做』。不要我叫裁縫時，這便有一分光了。我便請他家來做。她若說：『將來我家裡做』，不肯過來，此事便休了。她若歡天喜地說：『我來做，就替妳裁』，這光便有二分了。若是肯來我這裡做時，卻要安排些酒食點心請她。第一日，你也不要來。第二日，她若說不便當時，定要將家去做，此事便休了。她若依前肯過我家做時，這光便有三分了。這一日，你也不要來。到第三日晌午前後，你整整齊齊打扮了來，咳嗽爲號。你便在門前說道：『怎地連日不見王乾娘？』我便出來，請你入房裡來，若是她見你入來，便起身跑了歸去，難道我拖住她？此事便休了。她若見你入來，不動身時，這光便有四分了。坐下時，便對雌兒說道：『這個便是與我衣料的施主官人，虧殺他！』我誇大官人許多好處，你便賣弄她的針線。若是她不來兜攬應答，此事便休了。她若口裡應答說話時，這光便有五分了。我卻說道：『難得這個娘子與我作成出手做，虧殺你兩個施主：一個出錢的，一個出力的！不是老身路歧相央，難得這個娘子在這裡，官人好做個主人，替老身與娘子澆手。』你便取出銀子來央我買。若是她抽身便走時，不成扯住她？此事便休了。她若是不動身時，這光便有六分了。我卻拿了銀子，臨出門對她道：「有勞娘子相待大官人坐一坐。」她若也起身走了家去時，我也難道阻擋她？此事便休了。若是她不起身走動時，此事又好了，這光便有七分了。等我買得東西來，擺在桌子上，我便道：『娘子且收拾生活，喫一杯兒酒，難得這位官人壞鈔。』她若不肯和你同桌喫時，走了回去，此事便休了。若是她只口裡說要去，卻不動身時，這事又好了，這光便有八分了。待她喫的酒濃時，正說得入港，我便推道沒了酒，再叫你買，你便又央我去買；我只做去買酒，把門拽上，關你和她兩個在裡面。她若焦躁，跑了歸去，此事便休了。她若由我拽上門，不焦躁時，這光便有九分了。只欠一分光了便完就。這一分倒難：大官人，你在房裡，著幾句甜淨的話兒說將入去，你卻不可躁暴，便去動手動腳，打攪了事，那時我不管。你先假做把袖子在桌上拂落一雙箸去，你只做去地下拾箸，將手去她腳上捏一捏。她若鬧將起來，我自來搭救，此事也便休了，再也難得成。若是她不做聲時，這是十分光了。」

這兩段話講的都是風月場上誘術中的技巧方法，但同樣都道出人性中的某種眞實與違抗不得的規律。人雖然經常要受荷爾蒙的刺激、推動與支配，即使如恩格斯所說的那樣，「體態的美麗」也可以「引起異性間的性交的慾望」，但人畢竟是感情動物，是一定文明程度的載體，男女相遇相悅，總不能像春天的貓狗那樣，西門慶那樣惡貫滿盈的色棍，尚且要遵從這條自然規律，何況正常人乎？因此，在人世間，人們往往像這本小說中的敍述者「我」那樣，在按最後一個字母Z的鍵盤之前，要經過一連串文明化的程序，要走過「繁文縟節」的通道，甚至，要履行若干陳習俗套的手續，愈是從容不迫，愈是彬彬有禮，愈是優雅有度，似乎才愈顯出人之所以爲人之高級。

敍述者「我」既然有此優雅的哲學，作者的描寫也就隨之而優雅了起來，和一般的性小說相比較，這本書是要顯得從容些、優雅些，它不急於按最後一個字母的鍵盤，它不急於圍著牀打轉，它讓主角在房間的佈置、衣裝打扮、談情訴愛、講文說藝上延緩了一些時間，讓他從容地通過Z之前的二十五字母，讓他經過「繁文縟節」的走道，這樣跟隨著敍著者「我」，作者也就用若干從容優雅的內容豐富了他的小說，避免了性小說常有的那種圍著牀打轉的毛病，避免了《繡榻野史》式的「牀笫單調」，這不能不說是它的可取之處。

當然，這本小說在敍述的統一性上，有一個致命的特點，那就是小說的前半部是小說人物敍述者「我」的自述，而後半部則是小說作者自己的旁敍，這就造成了敍述語調，敍述角度的分裂，一個是自敍者限定的角度，一個是「敍述上帝」作者無所不能、無所不見的無限的角度，這對一部篇幅不大的小說作品來說，可不是一個無需一提的分裂。不過，小說後半部對於婦女同性戀的感受與描寫，絕不像出自一個男性作家之手，這倒也在一定程度上表明，此作也許的確是出自馬努里伯爵夫人之手。

註釋：

❶ E·勤貝雷傑爾：《保羅·魏爾蘭的生平與創作》，巴黎版一九〇七年，見《色情文學史》第五五一頁，法國，加爾尼埃出版社，一九八二年版。

目錄

這本悅人的艷情小說之作者，時而被說成是亞歷山大・大仲馬或泰奧菲爾，戈蒂耶，時而被說成是亞歷山大・小仲馬或居伊・莫泊桑，而他們一向都否認自己與該書有任何關係。

似乎是，《上校的表姐妹》與《維奧萊特的羅曼史》係爲一莫里亞克・德・布瓦西翁女士所著，而該女士以其馬努里伯爵夫人之封號而較爲人所熟知，儘管此處所涉及到的可能也只是個化名或筆名！

不論是否由一位上流社會的女子或一位名作家所著，《維奧萊特的羅曼史》終不失爲一本具有過時魅力，和散發著微瑕芬芳的艷情小說，令人每每讀來，不無樂趣。

我彷彿在世上度過了數千年；我攜我唯靈論的生命之本，越過人類之鏈，終於躋身於火星公民之列，而火星，則是我目前的棲身之地。

他好幸福！在地球上哭泣的人們思忖，他離開了我們塵世間。

哦，哪裡！這算不了什麼，而且，我在這裡好煩悶、好無聊，儘管火星這居住地也有其無可辯駁的優勢，而我此刻則正在對此進行探索。

我憂鬱症頻頻發作，這使得我回首起往事來；而由於其中一次的發作，我現在得以提筆，試圖把對往事的美好回憶記載下來。

我應當向我未來的讀者承認，在我降世爲人期間，我在上帝面前，是罪孽深重的。因此，在我追念起來最感慰藉的亡靈中，挺立著一些女性的倩影。

我此刻正呼吸著的周圍空氣，是那樣輕盈而又富有詩意，唉！而借助這詩意，喚起我那痲木不仁之感覺的倩影，其在世時的諧音名爲維奧萊特。我在她身邊體驗了那天堂的快樂，那是穆罕默德許諾給其虔誠的信徒的；當她離世時，我爲之痛惜、哀傷。

隱藏在這悅耳動聽的化名之下的爲何許人，很久以來已無人知曉。我因此得以無所顧忌地寫她的故事，即我們的羅曼史！她並無其他的故事！

現在，我有一言相告：本故事爲少女不宜。是謹愼指使我將此言置於卷首，然後再將書托付給溫柔多情的和風，請它將其擱在一位大膽的出版人的桌上。

佯裝害羞的男讀者們，膽小怕事的女讀者們，既然你們怕「直言不諱、實話實說」，那就請留步，我並非爲你們而寫。

而唯有那些理解、喜歡、實踐過令人愉悅的、其名稱爲肉體享樂之學問的讀者們，請跟我來。

第一章

認識維奧萊特時，我三十歲。

我當時住在五樓。那是幢挺漂亮的房子，座落在里沃利街上。樓上搭建了一些房間，裡面由僕人和在內衣店幹活的青年女工佔著，而那家商店至今還在底樓，在那些圓柱子下面。

那個時期，我的生活與一位情婦的生活攪在一起。她人長得甚美，而且舉止高雅。她皮膚白皙，是泰奧菲爾·戈蒂耶在其《琺琅與雕玉》❶中讚美過的那種；而其秀髮，則是埃斯希爾❷盤於埃萊克特爾❸頭上，並與阿爾戈里德❹之麥穗相媲美的那種。可是，她沒到年紀就變得肥胖不堪。她爲自己的過早發胖而氣惱。因爲不知該怪罪於誰，便與任何人都過不去，結果弄得所有接近她的人都很不愉快。我們的關係也因此鬆懈了。我一方面由著她使性子，一方面卻不採取任何措施，使我倆位於居室兩端的臥房挨近。我當初選中我那間臥房，是因爲從那裡能看得見杜伊勒利公園。我當時已染上舞文弄墨的癖好，對於一個腦力勞動者來說，沒有比眺望公園裡那墨綠色的古樹羣更爲溫馨、更爲美妙、更爲適意的了。

夏天，晨曦微露時，野鴿子在葉叢中的高枝上叫個不停；然後，隨著黃昏的到來，一切都歸於靜止和沈寂。

十點鐘，敲起了閉園鼓，柵欄門關上了。在天清氣朗的夜晚，月亮緩緩升起，淡淡的月光給樹梢抹上了一層銀白色。

通常，在月亮升起的同時，一陣微風拂來，使得光線在抖動的樹葉中搖曳，於是，它們像是醒來了，在生活著，吸入愛情，又呼出快感。

然後，漸漸地，窗戶一扇扇變暗了，宮殿的輪廓已不再清晰，僅隱約可見，黑魆魆地顯現在幽藍而透明的天幕上。

又漸漸地，隨著一輛馬車或四輪公共馬車駛遠，城市的喧囂聲也消逝了。萬籟俱寂，耳朵因而張開了，唯聽得沈睡巨人的呼吸聲。

目光於是落在這宮殿上，落在這樹羣上，它們那一動不動的龐大身軀，在黑暗中顯得莊嚴、雄偉。我常常就這樣數小時地在窗前遐想。

我在遐想什麼？

連我自己也茫然不知。也許是在遐想人們三十歲時遐想的東西：遐想愛情，遐想見過的女人，而更爲經常的是，遐想未知的女人。不妨承認，最不可抵禦的魅力，是不相識的女人的魅力。難道不是嗎？

有些人缺乏天性，太陽，這世界的靈魂，忘記了在他們心頭灑下一縷陽光；他們看問題灰暗，在昏黃的人生過程中，像盡公民義務似的，完成著人生這一幕；而上帝則爲其幸運的創造物，在其中放置了塵世間最大的幸福，一切感官短暫而極度的興奮，即那嗆人的肉體快感的爆炸。總之，它會殺死一位巨人，如果不是持續一分鐘，而是五分鐘的話。

那些人不生兒育女，僅自我繁殖，他們屬芸芸衆生，一磚一瓦地建造自己的屋，夏天用大車運冬天的儲備，並與上帝作這樣的問答：

「你在世上做過什麼？」

「我幹過活，吃過喝過，還睡過覺。」

而世上的眞福者乃是這樣的人：他想不出自己在世上做過什麼，而僅以極動聽的聲音回答：

「我愛過！」

我的遐想屬於這一類：無邊無際，融天地爲一體。附近教堂的鐘敲了兩點，那響亮的鐘聲使我爲之一顫。這時，我彷彿聽見有人在叩我的門。我以爲弄錯了，便側耳細聽：叩門聲又響了。我走過去看是誰會在這種時候想到來拜訪我。我把門打開了。原來是一位少女，還幾乎是個孩子。她溜了進來，對我說：

「呵！把我藏在您這兒吧，先生，求您了。」

我把手指放在嘴上，示意她噤聲，並儘可能輕地把門關上了。然後，我擁著她，沿著瀉到我們跟前的光線，把她帶進了我的臥室。

在那裡，就著兩枝蠟燭的微光，我得以看清，從籠子裡逃出，又被機遇送到我這兒的，是隻什麼樣的鳥兒。

我沒弄錯，這是個剛滿十五歲的孩子，模樣挺可愛，纖細柔軟得像根蘆葦，儘管已經發育成熟。

剛才我的手連找都沒找，就放在了她的胸脯上，我感到那有生命的球在頂它。僅這一接觸，一陣顫慄通過血管，傳遍了我的全身。有些女人從大自然那裡得到了一種迷人的天賦：你只要一碰她們，慾念就來了。

「我剛才好害怕！」她喃喃地說。

「眞的嗎？」

「呵，是的！幸好您還沒睡。」

「那麼是誰讓您這麼害怕的呢？」

「貝律謝先生。」

「貝律謝先生是什麼人？」

「內衣店老板娘的丈夫，我在她那裡幹活來著，就在樓下。」

「而貝律謝先生對您幹了什麼？給我講講吧。」

「您會留我整整一宿的，對嗎？」

「我會的，只要您願意，我可沒有把漂亮姑娘拒之門外的習慣。」

「喲！我還只是個小姑娘，而且也不漂亮。」

「哦！哦！……」

從她那裂開的襯衣，我的目光投到了其胸脯上，應當說，我並不認爲她像她說的那麼小。

「明天天一亮我就走。」她說。

「去哪兒？」

「去我姐妹那裡。」

「您姐妹？她在哪兒？」

「在夏普塔爾街四號。」

「您姐妹住在夏普塔爾街！」

「是的，住在底層和二樓之間的中二樓，她會借給我一個房間的，因爲她有兩個。」

「您姐妹在夏普塔爾街幹什麼呢？」

「她給商店幹活。歐內斯特先生幫她來著。」

「她比您大？」

「大兩歲。」

「叫什麼？」

「瑪格麗特❺。」

「而您呢，叫什麼？」

「維奧萊特❻。」
「你們家的人好像喜歡花名。」
「是媽媽喜歡。」
「您媽媽她去世了？」
「是的，先生。」
「她叫什麼名字？」
「羅斯❼。」
「你們家的人顯然特別偏愛花名！那您父親呢？」
「哦，他還健在！」
「他是幹什麼的？」
「是里爾城門的守衞。」
「他叫什麼名字？」
「魯夏。」
「我發現，我都問了您一個鐘頭了，卻沒有讓您說說，爲什麼貝律謝先生叫您害怕。」

「因爲他老想擁抱我。」

「唔！」

「他在各個角落裡糾纏我，而我從不敢摸黑到商店後間去，因爲我肯定能在那兒碰到他。」

「他想擁抱您，而您卻不樂意？」

「哦，是的！很不樂意！」

「爲什麼不樂意呢？」

「因爲我認爲他很難看，再說，我覺得他並不是光想擁抱我就算了。」

「他那還想幹什麼？」

「我不知道。」

我凝視了她一番，想看看她是否在調侃我。她那天眞無邪之極的神情向我表明，她說的是眞心話。

「可到底，他除了想擁抱您，還幹過別的事吧？」

「是的。」

「他幹過什麼？」

「前天，他上樓去我房間了，那時我正睡著，起碼我猜想是他，他竭力想開我的門來著。」

「他說話了嗎？」

「沒有，不過在白天，他對我說：『今晚別關門了，我的小寶貝，可別再像昨晚那樣。我有要緊的事要告訴您。』」

「您還是關門了？」

「呵！沒錯！而且關得比以前更嚴了。」

「他來了？」

「來了，他千方百計地轉門把，先是輕輕地敲門，後來就敲得比較響了。他對我說：『是我呀，開開吧，是我呀，我的小維奧萊特。』」

「您很明白，我沒有回答，我在牀上害怕得瑟瑟發抖。他越說『是我』，把我叫作他的小維奧萊特，我就越用被單把頭蒙上。終於，半個鐘頭之後，起碼有這麼長時間吧，他才嘟嘟囔囔地走開了。」

「今天，整整一個白天，他都不給我好臉色看，所以我希望，今天晚上就能把事情了了。當我想到插門閂時，我衣服已脫得差不多了，正如您現在所看到的那樣。我的門閂在白天被拆掉了，因此門沒法閂住，也就關不上了。於是，我一刻也不敢耽擱，馬上逃走，前來敲您的門。哦，這可是神靈的啓示。」

孩子撲過來摟住我的脖子。

「那麼說，我沒讓您害怕！」我對她說。

「呵！沒有。」

「如果我想擁抱您，您不會逃走吧？」

「還是來看看吧。」她說，同時把她那清涼而濕潤的小嘴，貼在我乾涸的嘴上。

我不由自主地用手托住她的腦袋，使我的嘴唇在她的嘴唇上停留了幾秒鐘，同時用舌尖舔她的牙齒。她閉上眼睛，把頭朝後仰，一邊說道：

「這吻有多好哇！」

「您沒體驗過？」我問她。

「沒有，」她用舌頭舔舔灼熱的嘴唇，說道，「人們通常就這麼擁抱嗎？」

「對自己所愛的人，是的。」

「那麼說您愛我？」

「如果我現在還不愛您，那我覺得，我正準備這麼做。」
「我也是。」
「太好了！」
「人們相愛時都做什麼？」
「彼此擁抱，就像我們剛才做的那樣。」
「就這個？」
「就這個。」
「這可就奇怪了，我好像還有別的慾念，似乎是，這吻儘管美妙，也只是愛的開始。」
「您感到什麼了？」
「很難說得清楚：一種全身的虛弱，一種有時在夢裡體驗過的幸福。」
「在夢裡體驗過這種幸福後醒來，您覺得怎麼樣？」
「我累極了。」
「您從來只是在夢裡有過這種感覺？」
「別的時候也有過，那就是剛才，您擁抱我時。」

「那麼說我是第一個擁抱您的男人？」

「像這樣子，是的；我父親也常這麼做，可那不是一回事。」

「那您是處女囉？」

「處女？這是什麼意思？」

從她的語氣聽來，沒什麼可弄錯的。

這純潔無邪的姑娘竟這樣完全信賴於我，我不禁產生了憐憫之心，或確切來說是敬重之意。我覺得，像一個賊似地偷取這大自然的溫柔瑰寶，將是一種罪過，而她並不曉得自己擁有它；況且，一旦給予，就永遠地失去了。

「現在，讓我們來理智地談談，孩子。」我對她說，同時讓她從我的胳膊上滑下來。

「呵！」她說，「您不會把我送回去的，對嗎？」

「不會的，得到妳，我太高興了。」（片刻之後：）「聽著，」我繼續說道，「下面是我們要做的事。我們這就去取妳的衣服。」

「很好。然後我去哪兒？」

「這事現在歸我考慮了。我倆上樓去妳的房間。」

「碰到貝律謝先生怎麼辦？」

「他大概已不在那兒了。已經敲凌晨三點了。」

「去我房間幹什麼？」

「去拿屬於妳的東西。」

「然後呢？」

「然後我把妳，連同妳的小包裹，一起送到我城裡的一個房間。從那兒，妳給貝律謝先生寫封信，由我來口授。好嗎？」

「呵！你要我幹什麼，我就幹什麼。」

純潔無邪者和年輕人的信賴，有多可愛。是的，這親愛的孩子，凡我要她幹的事，她都會去幹的，而且是馬上，如果我要求的話。

我們上了維奧萊特去了門門的房間，取了她的全部衣物，唉，那就裝在一只旅行袋裡。等她穿好衣服，我們下樓來到門口。因爲沒有馬車，我們便輕鬆愉快得像兩名小學生，臂挽臂地，動身去聖奧古斯坦街了。那裡有我的一個迷人的房間，是我在放蕩之日，確切來說是放蕩之夜，過夜的地方。

一小時後，我回來了，並沒有使我和維奧萊特的羅曼史有任何進展。

註釋：

❶泰奧菲爾・戈蒂耶的詩集。

❷古希臘悲劇詩人（五二五B.C.—四五六B.C.）

❸古希臘傳說中邁錫王阿伽門農之女。

❹古希臘一地區。

❺❻❼「瑪格麗特」、「維奧萊特」、「羅斯」在法文中依次爲雛菊、紫羅蘭、玫瑰。

第二章

我在聖奧古斯坦街所租的房間，並不帶傢俱，而是完全由我一手佈置起來的。考慮到其用途，我使它具有最優雅、最嬌小的情婦所能要求的全部精緻。牆壁和天花板，一律張掛著肉色天鵝絨；窗簾和牀帷，用的是一式布料；軟墊牀也是同色天鵝絨，且鑲以流蘇和古金色緞帶。

一面鏡子佔據了牀的全部盡頭，與位於兩扇窗戶之間的鏡子相呼應，而且完全相對，它們能使照到的畫面變得無限之多。一面相同的鏡子被固定在壁爐上，其全部的裝飾品均仿照普拉迪埃❶的作品；這富有魔力的雕塑家，他能使貞淑女子的塑像也變得撩人。

一扇覆蓋著天鵝絨帷幔的門通向盥洗室，而盥洗室從頂部照明，裡面張掛著提花裝飾布；它由臥室的壁爐供暖，並裝有那些美麗的英格蘭盤洗盆，一大朵水蓮，是其唯一的裝飾。一個浴缸被藏在一張長沙發中，而一大張黑熊皮則使擱在上面的小腳顯得更加白皙。

一位俊俏的小女僕負責打掃房間，並照料接踵而來的女子，這便是她全部的活。其臥室在同一層樓上。

她隔著門接受命人送洗澡水的吩咐，並留神著不吵醒睡在臥室裡的人兒。

我們是摸黑進去的。我僅點燃了小油燈，那盞燈是玫瑰紅的波西米亞玻璃製品。然後，我背對孩子，好讓她有時間從從容容地就寢，雖說由於她的天眞無邪，她會當著我的面圓滿完成這套程序的。最後，我吻了吻她的雙目，祝她晚安，便像我上面所說的，回到了我的寓所。

儘管激動了一晚上，維奧萊特還是舒舒服服地躺下了，像一隻小母貓般優雅地打著呵欠，向我道了晚安。而我確信，沒等我下完樓梯，她就已酣然入睡，絲毫也不關心自己身在何處。

我則是另一番情形。我承認，那頂著我手的乳房，那貼在我唇上的嘴，那讓我目光深入進去的微開的襯衣，使我產生了某種難以克制的衝動，以致我無法入眠。

男讀者是不會要我作出解釋的，因爲，他們肯定會猜到我爲什麼一上路就止步不前。

女讀者卻不然，因爲她們較爲好奇，或較爲不了解我們規則的某些條文，會希望知道我爲什麼駐足。

我應當說，我並不是因爲缺乏慾念，而是因爲，我已說過，維奧萊特才十五歲。她那麼天眞無邪，如果乘她不知道自己是在委身於人而佔有她，這會是一種名符其實的犯罪。其次，請允許我說說我自己這方面的情況。我這人生性喜歡品嘗愛情的全部精妙，情歡的所有快感。天眞無邪好比一朵花，得讓它盡量長久地留在莖上，而只是一瓣一瓣地採擷它。

一個玫瑰花蕾，有時需花一星期才能綻開。再說，我喜歡無怨無悔的肉體享樂；然而，在一七九二年出色地抵禦了敵人的光榮城的城牆上，有一位我不願使其暮年變得鬱鬱寡歡的老兵。

那正直的人在我看來，並沒有爲其長女所遭到的不幸而痛不欲生，不過他也許比較疼愛幼女，對她有所打算，有一樁已商定的婚事。我不願意打亂這一切。況且，我總是看到，當人們耐心等待時，事情便會以皆大歡喜的方式而順利解決。

所有這些想法使我直到天明也沒闔眼。我疲憊之極，終於睡著了一、二個鐘頭，醒來時已八點了。

我趕快起牀。在貝律謝先生那裡，維奧萊特大概已養成了早起的習慣。我通知僕人，我可能不回來吃午飯了，然後便跳上一輛出租車。五分鐘後，我便到了聖奧古斯坦街。我三步併兩腳地上了樓梯，心兒跳得像是在初戀時光。

在樓梯平台上，我遇見了剛準備好洗澡水的夥計們。我把鑰匙插進鎖眼，儘量少弄出聲響來。門開了，我發現，所有的東西仍處於原來的狀態。維奧萊特不僅沒醒，連睡姿都和我離開她時一個樣。只不過她用胳膊把毯子和被單撩開了，因爲它們捂得她太熱；而由於其襯衣是裂開的，睡著時，一只乳房便暴露在外。

沒有比這裸露的乳房、微微後仰並埋在鬈髮中的腦袋更迷人的了；簡直是一幅吉奧喬納❷的油畫。

乳房潔白而又滾圓，令人讚嘆不已，它能塡滿迪奧梅德❸之女奴的乳房在龐貝城❹的泥石中留下的深窩。與褐髮女子的一般情況相反，那乳頭是鮮紅色的，宛如一顆櫻桃。我緩緩地朝它彎下腰去，用唇端輕輕地觸碰它。她身子一顫，皮膚隨之微微抖動，於是乳頭挺直了。掀不掀毯子全在我了，我敢肯定她並沒有醒。

我寧願等她睜開眼睛。

她還在睡夢中這並不奇怪，房間裡連一縷光線都沒透入，如果她醒了，會以爲此刻是淩晨兩點。

我坐在她身邊，拉著她的手。

就著放在牀頭櫃上油燈的微光，我把它仔細端詳了一番。它很小，但生得很好，像西班牙女子的手，指甲是粉紅色的，呈漸尖形，唯食指被針線活損壞了。不是她該醒了，就是我的手把動作傳給了她的手，她張開眼瞼，發出了一聲快活的喊叫。

「哦！」她說，「您在這兒！我眞高興；如果我醒來看不見您，我會以爲是做了個夢；不過，您沒有離開我吧？」

「離開了，」我回答道，「我離開了您有長長的四、五個鐘頭，可我又回來了，希望能準時到達，成爲您睜開眼睛所看到的第一樣東西。」

「您在這兒有多久啦？」她問道。

「半個鐘頭。」

「應該叫醒我的。」

「我盡量不這麼做。」

「您連吻都沒有吻我。」

「吻了，您睡覺時露著乳房，於是我吻了那小小的乳頭。」

「哪一個？」

「左邊的。」

她天眞可愛地把它露了出來，並力圖用唇端去吻它。

「哦！眞煩人，」她說，「我自己卻吻不到。」

「爲什麼您自己要吻它呢？」

「爲了把嘴唇放在您嘴唇挨過的地方。」

她又試了一次。

「不行。得啦！」她說著，把自己的乳房湊到我嘴邊，「您剛才爲您自己吻了它，現在爲我吻吻它吧。」

「您再躺下。」我對她說。

她又躺下了，我朝她俯下身子，用嘴唇捉住了她的乳頭，並用舌頭撫摸它，就像我撫摸其牙齒一樣。

她舒服得不禁發出了一聲輕叫。

「呵！這有多好哇！」

「和昨天的吻一樣好嗎？」

「哦！昨天的吻已過去好久了，我不記得了。」

「願意再開始嗎？」

「您明明知道我願意的，因爲您說過，人們就這樣來擁抱自己所愛的人。」

「可我還不知道我是否愛您。」

「而我呢，我敢肯定自己是愛您的，所以嘛，請不要擁抱我，而我，卻要擁抱您。」

就像前一天似的，她把嘴唇貼在我的嘴上，只不過這一次是她用舌頭來舔我的牙齒。

我想躲開，可辦不到，她把我摟得太緊了。我們的呼吸從這個胸膛進到了另一個胸膛。終於，她把頭朝後一甩，像昏死過去一般，嘴裡喃喃地說：

「我好愛好愛你！」

這吻使我發了狂，我摟住她，把她緊貼在胸口，幾乎把她從牀上拽了起來，像是要把她帶到世界的盡頭；與此同時，我的嘴搜索著其胸脯，胡亂地吻著。

「呵！你在幹什麼，我覺得要死了。」

這些話使我清醒過來，恢復了全部理智。我想擁有她，可並不是像這樣，即通過突然襲擊，並提前支用我全部的幸福。

「親愛的孩子，」我對她說，「我在盥洗室裡給妳準備了洗澡水。」於是我把她抱了去。

「呵！」她嘆息著說，「在你懷裡有多好哇！」

我摸摸了洗澡水，水溫正好。我把她連身上的襯衣一起放了進去，並往裡倒了半瓶科隆香水，以使水變渾。

「那裡有各種各樣的肥皂，還有大大小小的海綿，妳自己擦吧，我去生火，免得妳出來著涼。」

我生著火，在壁爐前鋪上了黑熊皮。

送洗澡水的夥計們拿走了我的浴衣和浴巾，他們用浴室的鍋爐烤熱，又把它們裝在一個桃花心木盒子裡送來，好讓它們保溫。我把它們放在浴盆旁的一張椅子上。這是一件細麻布的浴衣，和幾塊棉布浴巾。然後，我準備好一張扶手椅，一件白開司米睡衣，並在扶手椅前放了一雙嬌小的繡金紅天鵝絨拖鞋。

一刻鐘後，我的小浴女出來了，她渾身哆嗦著，邁著小碎步，嘴裡發出可愛的「噗噗……」聲。她走近了火。

「呵！多好看的火苗，多暖和呀。」她說，並過來在壁爐前蹲下，倚著我的腳。

她裹著浴衣，活像波呂許尼亞❺。

浴衣的某些部位貼在其玉體上，吸著上面的水份。透過質地艮的細麻布，她那膚色隱約可見。她好奇地環顧了一下四周。

「天哪，」她說，「這一切有多漂亮。我是要住在這兒嗎？」

「不錯，只要您願意，可我們必須得到某人的允許。」

「誰的允許？」

「妳父親的。」

「我父親的！可他會非常高興的，要是他知道我有一個漂亮的房間，而且有時間學習的話。」

「學什麼？」

「呵，對了，我應當把這告訴您。」

「說吧，孩子，要知道，應當把一切都告訴我。」

「您很清楚，有一天，您給了我一張戲票。」

「是的，這我記得。」

「是去聖馬丹門劇院，上演的是亞歷山大・大仲馬先生的《安東尼》。」

「那是齣淫戲，小姑娘們是絕對不該去看的，可結果！」

「我倒不這麼認爲，我看了好感動。而且，從那天起，我就對姐姐，對歐內斯特先生說，我想當演員。」

「呵！」

「當時，歐內斯特先生和我姐姐互相看了看。『沒說的！』我姐姐說，『她要是哪怕有一點點抱負，也比當女縫工強。』」

「另外，歐內斯特先生說：『通過我的《戲劇報》，我可以把她推出去。』」

「得！在我看來，這簡直好極了。」

「貝律謝太太被告知，我將在姐姐家過夜，第二天早上再回去。看完戲後，我回到了夏普塔爾街，於是我開始朗誦，並重複所記住的主要場面，還伸出雙臂，就像這樣。」

維奧萊特伸出雙臂時，打開了其細麻布浴衣，渾然不覺地向我展示了眞正的愛情瑰寶。」

我抱住她，把她放在膝蓋上，而她在上面蜷成一團，就像在一個窩裡似的。

「後來呢？」我問她。

「後來，歐內斯特先生說：『如果她主意已定，因爲一般得過兩、三年才能登臺演出，得給父親寫封信。』」

「『而這兩、三年裡，』瑪格麗特問，『她怎麼生活呢？』」

「『那還不好辦，』歐內斯特先生反駁道，『她人長得那麼漂亮。一個漂亮姑娘哪裡會惦著要知道自己怎樣生活。從十五歲到十八歲，她會找到某個人幫助她的，這不過是隻鳥兒，妳妹妹需要什麼就能活呢？一粒黍子罷了。』」

我聳聳肩，看了看那可憐的小人兒，她躺在我懷裡，猶如躺在搖籃裡。

她繼續說道：

「第二天，他們給父親寫了信。」

「而爸爸呢，他回信了？」

「是的，回信了，信是這樣寫的：『妳們是兩個被扔在世上的可憐的孤女，除了一個六十七歲的老頭，別無其它依靠。而他又是隨時可能離妳們而去的。對我來說，一切正在死去。到上帝那兒去尋求保護吧，做妳們想做的事，只是盡量別丟老兵的臉就是了。』」

「信妳還留著嗎？」

「留著呢。」

「在哪兒？」

「在我的一件長裙的兜裡。當時我想到了您。我尋思：既然他給我戲票，說明他和劇院經理有來往。我總想去看您，後來又不敢，我總是說明天……明天。而貝律謝先生的那件事發生了，於是一切都決定了。您看得很清楚，這是天意。」

「是的，我的孩子，我的確開始相信了。」

「那麼說，爲了讓我演戲，您會做您所能做的一切？」

「做我所能做的一切。」

「呵！您眞好！」

而維奧萊特，毫不慮及她所露出的是什麼，用胳膊摟住了我的脖子。這一回，我承認，我受誘惑了；我的手沿著所接觸到的彎成弓形的腰部下滑，直到再無處可去爲止。一層細柔如綢的毛，是它旅行的終點。

我的手一接觸，孩子的整個身體便挺直了，她腦袋後仰，嘴巴微張，露出了潔白的牙齒，而牙齒之間，舌頭在顫動；她的目光黯淡了，顯得毫無生氣；而其頭髮則後垂，宛若一片烏黑發亮的瀑布。然而，我的手指才剛剛碰到她。

愛使我變得狂熱，亢奮，我用快樂的喊叫呼應著她那幸福的喊叫，並把她抱到牀上，跪在她面前，用嘴代替手，於是，我感受著那多情的唇與熱情的童貞相接觸的極度的快感。

從那一刻起，她那一方面就再也沒有別的，只有那含糊不清的喊叫，那喊叫以長長的、穿越整個心靈的痙攣而告終。

我支起身子，望著她甦醒過來。她睜開眼睛，勉強坐起來，喃喃低語道：

「呵，上帝！這有多好哇！能再來嗎？」

驀地，她重新振作起來，凝視著我說：

「我突然有個想法。」

「什麼想法？」我問道。

「就是，我剛才所做的事，也許是不道德的。」

我挨著她坐在牀上。

「有什麼人偶爾一本正經地對妳說過話嗎？」

「有過的，而且是偶爾，那是我父親，他爲了訓斥我，當時我還小。」

「我不是這個意思。我是問，如果有人一本正經地對妳說話，妳能不能聽懂。」

「我不知道，如果是陌生人的話。至於你，」她說，「我覺得，你說的話我都能聽懂。」

「妳不冷嗎？」

「不冷。」

「那好，聽我說。要盡量專心些。」

她用胳膊勾住我的脖子，眼睛注視著我的。顯而易見，她對我的話，敞開了她智力的全部大門。然後，她對我說：

「說吧，我聽著呢。」

「創世時，女人一誕生，便從上帝那裡得到了和男人一樣的全部權利：遵從其自然本能的權利。男人的活動是從家庭開始的，他有一個妻子，幾個孩子；好幾個家庭聚集在一起，形成了部落，五、六個部落相結合，建立了社會。對這個社會來說，需要某些法則。如果說女人應該是最强的，這是從其意志而言，而世界今天仍然在接受著它們；可男人實際是最强的，他們成了統治者，而女人則成了奴隸。他們給少女規定了一種法則，那就是貞潔；給婦女規定了另一種法則，那就是忠貞。

「男人一方面把這些法則强加於女人，另一方面則把滿足情慾的權利留給自己，卻毫不考慮只有讓女人失職，自己才能發洩情慾，而那些職責，正是他們自己規定的。

而那些女人呢，不顧自己的安全，去把幸福送給他們，而他們回贈給她們的，卻是恥辱。」

「這很不公平嘛。」維奧萊特說。

「是的，孩子，這的確很不公平。因此，有些婦女便奮起反抗了，她們尋思：社會在把奴隸地位强加於我的同時，給我什麼做補償呢？難道是和一個男人之間的婚姻？我也許並不愛他，而他卻會在我十八歲時娶我，將我佔爲己有，並使我一輩子都無幸福可言。我寧可置身於社會之外，保持自由，隨心所欲，愛我中意的人。

我將是大自然的女人，而不是社會的女人。

從社會的角度來看，我們所做的，是不道德的；從大自然的角度來看，我們所做的，滿足了我們的慾念。妳明白嗎？」

「全明白了。」

「那好，想它一整天吧，晚上告訴我，妳願意做大自然的女人呢，還是社會的女人。」

我按了鈴；女僕出現了，維奧萊特待在牀上，裹著毯子，僅露出腦袋。

「列奧妮太太，」我對她說，「您要精心照顧好小姐，給她到什瓦那裡去買食物，朱利安那裡去買糕點，櫃子裡有波爾多葡萄酒，布勒式的櫃子裡有三百法郎。」

「對了，」我補充道，「您去叫個裁縫來，讓她給小姐量一下尺寸，裁兩條式樣非常簡單、但要十分雅緻的連衣裙。您去找個女縫工，讓她按要求做，帽子要和裙子搭配好。（擁抱維奧萊特）晚上見。」我對她說。

晚上九點左右，我回來了。她跑過來，摟住我的脖子，對我說：

「我想過了。」

「想了一整天？」

「不，五分鐘。」

「是這樣，我寧可做大自然的女人。」

「怎麼樣？」

「妳不願回貝律謝先生那裡了？」

「呵！不回了！」

「妳也不願去妳姐姐那裡了？」

她沈默了片刻。

「去妳姐姐那裡，妳是否覺得有什麼不便？」

「我怕歐內斯特先生，不喜歡這樣。」

「歐內斯特先生是什麼人？」

「一個年輕人，他常去看她。」

「他是幹什麼的？」

「記者。」

「妳爲什麼認爲，在姐姐那裡見到妳他會不高興？」

「因爲，貝律謝太太偶爾會差我去買東西，而我便飛快地跑去和姐姐親熱一會兒。這時，如果歐內斯特先生在那裡，見我去了，他的臉色會陰沈下來。他和瑪格麗特便去另一個房間，還把門關上。有一天，我在那兒待了一會兒，因爲太太叫我等一個口信的回話。這下子，他倆的情緒都壞透了。」

「那好，既然這樣，我們就不談它了，妳將是大自然的女人。」

註釋：

❶ 法國雕塑家（一七九二—一八五二）。

❷ 義大利文藝復興時期威尼斯畫派畫家，抒情詩人（一四七七—一五一〇）。

❸ 爲古代歐洲東南部特拉斯地區虛構出來的國王。

❹ 義大利古城，位於維蘇威火山腳下。公元七十九年八月二十四日該火山爆發，泥石流淹了該城，二〇〇〇〇居民中有二〇〇〇人喪生。

❺ 希臘神話中九位文藝和科學女神之一，掌管頌歌。

第三章

這親愛的孩子，在她身上說話的，的確是大自然，而且是可愛的大自然。

我書架上蒐集了一些好書，她讀了一整天。

「妳不感到厭倦嗎？」我問她。

「那是從你來說；可從我來說，不。」

「妳讀了什麼？」

「我讀了《瓦朗蒂娜》。」

「那我就不奇怪了，要知道，這是本名著，就這麼回事！」

「不，我不知道，可我知道我流了許多眼淚。」

我按了一下鈴：列奧妮太太進來了。

「給我們沏茶。」我對她說。

然後，我又對維奧萊特說：

「喜歡喝茶嗎？」

「不知道，我從沒喝過。」

列奧妮已支起了一張小桌子，鋪上一塊土耳其台毯，擺上兩隻精緻的瓷杯和一個日本糖罐。

奶油裝在一個類似於茶壺的金屬罐裡。

女僕給我們用茶壺送來了沏好的茶，在銀製無患子木盒裡倒了開水❶。

「你還需要列奧妮嗎？」我問維奧萊特。

「需要她幹什麼呢？」

「給妳寬衣。」

「哦！」她說，「我只穿著睡衣和襯衣嘛。」同時，她把束腰繩解開。

「那我們可以打發她走了？」

「我想是的。」

「這樣就再沒人來打攪我們了。」等她一出去，我就鎖上了門。

「那妳留下來，是嗎？」

「如果你允許的話。」

「整整一夜？」

「整整一夜。」

「呵，多幸福！那我們就可以像兩個好朋友似的一起睡覺囉？」

「不錯。妳有時和好朋友一起睡過覺？」

「那是在寄宿學校，當時我很小，後來就不了；除了一、兩次，在姐姐家過夜時。」

「和姐姐一起睡覺時，妳都做些什麼呢？」

「我向她道晚安，吻她，然後我們便睡著了。」

「就這些？」

「是的，就這些。」

「如果我們一起睡覺，妳以爲也就這些嗎？」

「我不知道。可我覺得不是。」

「可是，那我們做什麼呢？」

她聳了聳肩。

「也許做今天早晨你對我做的事。」她說著，撲上來摟住了我的脖子。

我抱住她，讓她坐在膝蓋上；我給她倒了一杯茶，往裡滴了幾滴奶油，還放了糖，然後叫她喝。

「愛喝嗎？」

她略微點了一下頭，這表明她對茶缺乏熱情。

「挺好喝的，」她說，「不過……」

「不過什麼？」

「我更愛喝純奶，熱呼呼的，泛著泡沫，從乳牛的乳房裡擠出來的。」

她對茶的冷淡我並不奇怪，我始終注意到，在這種中國飲料裡有一股貴族味兒，它並不適合平民的味覺。

「明天早晨，妳會有熱奶的。」

一陣沈默。這當兒，我看了看她，只見她莞爾一笑。

「你不知道我的願望吧？」她說。

「不知道。」

「我想當學者。」

「學者！當學者幹什麼，上帝？」

「弄懂我不懂的東西。」

「妳不懂什麼？」

「好多東西；比如說，你問過我，我是不是處女，對嗎？」

「不錯。」

「後來，我說我不知道，你就笑起來了。」

「是這樣的。」

「那好，究竟什麼是處女呢？」

「就是從沒有被一個男人撫摸過。」

「這麼說，我今天不再是處女了？」

「爲什麼不再是？」

「因爲我覺得，今天早晨你撫摸過我了。」

「這撫摸跟那撫摸不一樣，親愛的孩子，我今天早晨對妳的撫摸，儘管很溫柔……」

「哦，是的！」

「並不是那種奪去童貞的撫摸。」

「什麼是奪去童貞的撫摸呢？」

「我首先得給妳講講什麼叫童貞。」

「那就給我講講吧。」

「不大好講的。」

「哦，你那麼有才智。」

「童貞是一位少女的身體和道德狀況，就是像妳一樣，從未有過情夫的少女。」

「可是，什麼叫有情夫呢？」

「就是和一個男人做愛，人種就是靠這種行爲得以永遠延續的。」

「而這種行爲，我們並沒有過吧？」

「沒有。」

「那麼說，你不是我的情夫？」

「我還只是妳的情人。」

「你什麼時候成爲我的情夫？」

「我會盡可能晚一點的。」

「那麼說，你對這很厭惡？」

「相反，這是世界上最令我想望的事。」

「哦！天哪！眞煩人！這我又不明白了。」

「當一個女人的情夫，我美麗的小維奧萊特，就是在幸福的字母表上，到了尋常字母表的字母Ｚ。得，在這之前，有二十五個字母要學。吻手是字母Ａ。」

我捉住她的小手吻了吻。

「你今天早晨對我做的，是哪個字母呢？」

我只好承認，她已經很靠近字母Ｚ了，爲了最終能到達那兒，我已跳過了一定數目的輔音和音。

「你在挖苦我。」

「沒有，我向妳起誓；難道妳沒看出，我想讓這迷人的字母表盡可能持續得久些，上面的每個字母都是一次撫摸，而每次撫摸都是一種幸福。我想一點點脫掉妳精神純潔的外衣，就像一點點脫掉妳身上的衣服一樣。

如果妳是穿著衣服的，我給妳脫掉的每件衣服都能讓我看到某種新的、陌生的、富有魅力的東西；脖子、肩膀、乳房，然後漸漸地是其餘所有的東西。可我就像一個粗魯的人，越過所有這些細部，貪婪地看妳那貞潔的裸體；而慷慨大方的妳，卻不知道自己給我的是什麼。」

「這麼說來，我錯了？」

「不，不，我太愛妳，妳沒看到嗎？我太想要妳，所以沒有一步步去計算。」

我解開她的束腰繩，讓她的長外衣沿胳膊滑下；於是她便只穿著襯衣待在我膝上了。

「妳不是想知道什麼是童貞嗎？」我對她說，這時我已完全失去自制力，「好吧，我來告訴妳，再離我近點，等一等……妳把嘴唇貼在我的嘴唇上！」

我用胳膊把她貼在我的胸前；而她呢，用胳膊摟住我的脖子，因慾念而嘆息，因快感而喘氣。

「妳感到我的手了嗎？」我問她。

「呵，感到了！」她說道，同時顫慄著。

「而我的手指，妳感到了嗎？」

「感到了……感到了……」

「我在摸那叫做童貞的部位。我又在摸那層處女膜，女人要想當母親，就得讓它破裂。而這層處女膜一旦破裂，童貞就失去了，而女人則開始了。得，我想做的，就是通過外部的撫摸，使妳盡可能長久地保留童貞，懂了嗎？」

從我的手指觸到那個部位起，維奧萊特便只用撫摸、斷斷續續的喊叫、柔柔的呻吟來回答我。很快，她的身子挺直了，簡直要使我窒息似地摟緊了我，結結巴巴地說些不連貫的話，接著一下子，她的胳膊伸直了，不由地發出一聲嘆息，腦袋後仰，一動不動，像死了一般。我扯下她的襯衣，把我自己的衣服一件接一件地抛掉，直到連襯衣也抛掉為止。我把一絲不掛的她抱到牀上，讓她緊貼著我裸露的胸脯。

就在這時，她恢復了知覺：我的身體趴在她的身體上，嘴對著她的嘴，我呼吸著她的生命，而她呼吸著我的。

「哦！我要死了！……」她喃喃地說。

「死了！」我喊道，「妳要死了！就好像是我在說我要死了！哦，不！正相反，我們開始活過來了。」

我吻遍她的全身，而每吻一下，她就像被咬似地蹦跳一下。於是，她也開始咬我，一面低低地發出愛的吼叫。每次，當我們的嘴唇一相遇，便是一陣靜默；我們沈浸在狂喜和幸福之中。

猝然，她驚訝地喊了一聲，大把地抓住了那個陌生的、令她吃驚的東西。然後，像是一層薄紗被撕破……

「我明白了，」她說，「就是用這……這是絕不可能的。」

「維奧萊特，我心愛的，」我喊道，「我已控制不了自己，妳簡直要使我瘋狂了。」

我做了個像是要起來的動作。

「不，」她說道，「別走開，如果你愛我，就別怕弄痛我。我要……」

於是她滑到我身上，用胳膊摟抱我，用大腿纏繞我，使自己的身體緊靠著我。

「我要……」她重複道，「我要……」

她驀地發出了一聲喊叫。

呵！我所有的美好計劃全都化爲烏有。在得知什麼是童貞的同時，可憐的維奧萊特竟失去了自己的童貞。

聽到她喊叫，我停了下來。

「呵，別，別，」她說，「來呀……來呀……你弄了我，可你要是不弄痛我，我就幸福過頭了！我需要痛苦。來呀，繼續吧，別停下。來呀，我的克里斯蒂昂，我親愛的，我的朋友！呵，這簡直是發瘋！這簡直是發狂！這簡直是發燒！呵！呵！……我要死了……把我的靈魂拿去吧……給……」

……

呵！穆罕默德是多麼懂得用幻夢來哄騙人，當他給他的信徒以肉慾的天堂，那不斷更新的肉體享樂的無底深淵時。

與這灼熱的天空相比，我們理想的天空算得了什麼呢？

與撩人的美女的童貞相比，天使的貞潔算得了什麼呢？

我們度過了一個無理性之夜：充滿快樂，充滿淚水，充滿狂歡，充滿熱望；而直到天明，我們才相擁著睡去。

「呵！」她醒來了，把我摟在懷裡，「我正好希望我此刻不再是處女！」

註釋：

❶無患子樹產於安地列斯羣島，其木質、根和果實泡水具有減肥效用。

第四章

可憐的維奧萊特所感到的疼痛並不很嚴重，可當快感壓不過它時，它也是很惱人的。我臨走時，囑咐她用麩皮泡的水洗一洗，並用一塊核桃大小的海綿霑上蜀葵熬成的汁，在小陰唇之間敷一敷。

於是，必須得給她解釋一下什麼是大陰唇和小陰唇。這對一位老師來說，倒是一項富有誘惑力的工作。借助於一面鏡子，並靠了她的誠意和柔軟的腰肢，我得以在她身上作示範講解。

維奧萊特是那樣天真無邪，她竟從沒有想到要用鏡子照一照，而她所看到的，對她來說，既新奇又陌生，就和前一天夜裡，在她最意想不到的時刻所碰到的東西一樣。

在我們共度那個良宵時，她已經對胎兒形成的方式取得了一些模糊的概念；可應當說，看不見的部分比暴露在外的部分更爲重要。我開始給她解釋大自然的一般目的和具體目的：繁衍物種，把物種的進化變成一件僅僅是次要的事，即整體的一個細部。

我給她解釋，正是出於這一目的，造物主在兩性的結合中放置了極大的快樂，而在這對人乃至對植物來說都是富有誘惑力的東西中，又放置了生對死的確鑿而永恆的勝利。

然後，我轉入細節，給她講解每個器官的用途及其相互之間的合作。我從陰蒂開始，而其凸起在她身上並不明顯。我由此轉入大陰唇和小陰唇，這愛情聖殿的雙重外殼。接著是處女膜，它像一塊遮羞布似地蒙在處女的陰道上，而這陰道有朝一日將成爲母親之路。我對她說，如果她的處女膜尚未破裂，她可以用小手指的末端在那裡感覺到流出經血的開口處。她說她初來月經時害怕極了。我給她講什麼是子宮，以及在傳種接代的行爲中，這個器官擔負著什麼樣的偉大使命。我給她解釋了有關傳種接代的重大祕密，及人類的產生和形成，這是現代著作和科學已告訴我們的。我還給她解釋，女人是怎樣擁有兩個卵巢，除了子宮之外；而這兩個卵巢又是怎樣通過兩個輸卵管與子宮相連的。這兩個卵巢是如何裝有卵子，而男人的精液中所含的精子是如何使其受精，並使其被稱爲受精卵的。

我用鉛筆畫給她看，封閉在一個卵裡的胎兒，是怎樣通過和胎盤的直接接觸而發育，並通過卵圓孔進行呼吸的。然後，我把示範講解延伸到卵生動物，軟體動物，和彼此相距很遠、無法有愛情接觸的植物身上。在這些植物身上，雄蕊擔負著雄性器官的功能，而雌蕊擔負著雌性器官的功能。我畫給她看，風負責把雄蕊的花粉吹到雌蕊上，而雌蕊張開接受它們；如果沒有風，蜜蜂、蝴蝶、斑蝥，所有在花叢中覓食，以吸吮它們的汁爲生的昆蟲，都充當起愛情的使者，用自己的翅膀、爪子和覆蓋全身的絨毛運送受過精的花粉，這大自然靈魂的一部分。

這孩子的接受能力很强，她貪婪地聆聽著我的每句話，可以說，它們都一一刻在了她的腦子裡。

我一面離去，一面沈思：在她天眞無邪的面紗後面，該隱藏著多少東西呵。

我決計使維奧萊特成爲一種悅人的消遣，而不是我日常工作的妨礙。我在醫學院的課，在各博物館的研究，是日場；而我在聖奧古斯坦街的活動是夜場。因此，我完全可以使它們協調起來。

當天晚上，我回到了維奧萊特那裡，我發現我的茶已沏好，桌子已擺好，上面放著奶油和點心。我不在時，維奧萊特當起了家庭主婦。因此，我們只需對列奧妮說，我們不再需要她，就可以擺脫她了。

我們單獨在一起了。前一天我給維奧萊特留了封寫給貝律謝先生的樣信。她照抄後寄走了。於是，在這方面我們再無所牽掛，她的失蹤不至於會引起令人不快的尋找。

她沒時間感到無聊，我給她所說的一切，佔據了她的頭腦，而且在那裡生根發芽了。

再說，她自己的好奇心上來了。她把自己脫光，點上蠟燭，從各個角度照鏡子。只是，因爲從未見過其他的裸體女人，她不知道自己好在哪裡，又羞在哪裡。因爲總想著同一件事，又因爲對自己的審查差不多使思想得到了放鬆，她便厭倦起來，於是開始讀書。而她拿的那本書，又恰恰引起了她的種種猜測，而且她還無法把它們弄清楚。該書是泰奧菲爾、戈蒂耶所著，書名是《莫班小姐》。

騎士打扮的莫班小姐追逐一位少女，並終於和她有了那種曖昧關係，然而，唯有完全了解古代文明，才能對此作出解釋。

而正是這段情節，深深地吸引住了維奧萊特。我給她解釋，軟體動物和植物都有雌雄同體或同株的個別情況，也就是說，兩種性別合爲一體。同樣的，在動物界，尤其是在女人身上，也有兩性合一的情況，如果不是眞正的，由於陰蒂的延長，起碼也是表面的。

我給她講，希臘人喜愛形體，崇尚美，他們打算創造的一種大自然裡所沒有的美。他們假設，墨丘利❶與維納斯❷之子在一泓泉水中洗浴，被山林仙女薩爾瑪西斯看見，她請求諸神把她與意中人的身體合二爲一。諸神使其如願以償，把男性之美與女性之美融爲一體，產生出了一個兩性人，這兩性人兼有男人和女人的慾念，並能從兩方面來滿足他們。

我答應帶她去博物館看黑姆佛洛狄特——波爾克斯。他慵懶地躺在一張牀墊上，集男性與女性之美於一身。

不過我給她解釋，這種把兩性完美地結合在一起的傑出例子，大自然中是並不存在的。儘管，而且總是，那些陰蒂延長的女人對女人有強烈的吸引力。該給她插入薩福的故事了，也就是說該給她講講一種宗教的創始人了，那種宗教儘管創立於公元前一七〇多年，在當今社會裡仍然擁有衆多信徒。

我對她說，有兩個薩福，一個是艾雷索斯❸的，另一個是米蒂萊納❹的；一個是妓女，一個是女祭司；一個是花容月貌，另一個是相貌平平。希臘人對美十分崇尚，他們像對一個王后似的，軋製了許多刻有那個艾雷索斯妓女的靈牌。

而米蒂萊納的那個薩福，即長相一般的女祭司，雖到了出嫁的年齡，卻沒有意中人，也沒有愛慕者，便決定像希臘神話中的女戰士那樣，建立起一支同盟軍來對付男人。每年一次，希臘神話中的女戰士允許自己的丈夫去她們的島上探親，而這支同盟軍在這方面則做得更加徹底，她們起誓要完全脫離男人的懷抱，只找女人作情婦或情夫。

「可是，」維奧萊特天眞地問，「女人和女人之間能做什麼呢？」

「她們可以互相做我昨天用手指、而前天用嘴對妳做的事。用來稱呼她們的那個詞也點明了她們的行爲。大家稱她們爲同性戀女子，而該詞來源於一個意爲摩擦的動詞。

薩福另外還發明了輔助用具，那是用樹膠汁做的，看起來就像男人的性器官……

在薩福之後三百年的埃澤希爾勒❺，譴責耶路撒冷的女人使用這種金製或銀製的複製品。

由薩福引起的醜聞鬧得滿城風雨，以致維納斯認爲，該加以制止了，既然累斯博斯島的頂禮膜拜已波及到希臘其它的島嶼，而她的祭壇正面臨著被冷落的巨大危險。

在米蒂萊納港口擺渡的艄公，是一位叫法翁的俊美男子。於是她便裝扮成老乞婆，請艄公免費送她過河。那位艄公動了惻隱之心，同意了。可是，在靠岸時，他發現，他用船送過河的不是一位老乞婆，而是一位美麗的女神。

維納斯的顯原形，在俊美的艄公身上產生了十分明顯的效果，就好像是對方忘恩負義，不肯回報他似的。維納斯吹了口氣，變出了一朵雲，而這雲把他倆都罩住了。一小時後，雲散了，只剩下法翁自己，不過維納斯給了他一種芳香油，他只要把這油搽在自己身上，就可以被所有的女人都愛上。法翁並沒有放棄使用他的油，而就在薩福偶然從他身邊經過時，嗅到了他頭髮上散發出來的香氣，於是她便全身心地，也就是瘋狂地愛上了他。

可法翁看不上她，這是神的報復。眼看法翁征服不了，又不能再現薩爾瑪西斯的奇蹟，她便去勒卡特跳了崖。」

「爲什麼要跳崖？」

「因爲從崖上跳入大海的失戀者，如果重新回到岸上，他們的相思病就好了；而如果淹死了，那病就好得更徹底了。」

「你是說，眞有這種女人？」

「多著呢。」

「等一等。」

「怎麼啦？」

「我想起……」

「好哇！原來妳還激起過什麼人的情慾呢。」

「喂，聽著，」她說，「這是可能的。」

她過來坐在我膝上。

「想像一下吧，有一位貴婦常去貝律謝太太的店裡，大家叫她伯爵夫人。她乘的是兩匹馬拉的馬車，還帶著一位黑人奴僕。不論是買胸衣、浴衣還是褲子，她總是要我跟她去盡頭的房間替她試穿。起先她對我並沒有格外注意，後來，漸漸的，凡是出自我手的，便是最好的。甚至到了這種地步：連我從沒有碰過的東西，只要對她說，是我做的，她便會閉著眼睛買下來。

四天前，哦！不過你會看到，我當時並沒有往心裡去，現在想起來了。有一批貨要交給她。她派車來接我，說是她要的是我，而不是別人。我去了，她獨自在一個小客廳裡，那小客廳張掛著繡花緞子，擺著許多帶花鳥圖案的花瓶和瓷器；女僕在那兒，在一旁伺候著，可她把她打發走了，說是光她和我就足夠了。事實上，當我們單獨相處時，她對我說，這還不夠，我得試試給她訂做的衣服，因爲，在自己身上試，根本不知道合適不合適。

我提請她注意，我臉比她小，所以，是試不出什麼結果來的。可她很固執，並開始給我脫衣服。

我羞得要死，只好由她擺佈，連一句話都不敢說。她把我的長外衣、頭巾、胸衣，一件件地脫掉，一邊喊道：『哦！漂亮的脖子！呵！美麗的肩膀！迷人的小乳房！』她還吻我的脖子、胸脯、乳房，先是用嘴唇，然後是用手，接著倒過來，先是用手，然後是用嘴唇，在它們上面撫過。她突然對我說：『得試試褲子！』

那是條很漂亮的褲子，細麻布料、帶花邊的；她把我的褲子褪下，從鞋上面抽掉，把手伸到我的襯衣下，對我說：『呵！妳的皮膚簡直像緞子。』

『哪天您得和我一起洗個澡，對不對，我的小心肝，我要給您抹巴旦杏仁霜，這樣一來，您就白得像白鼬啦；更何況，』她笑著補充道，『像白鼬一樣，她還會有一條漂亮的小黑尾巴呢……』說著，她就想把手放到我的陰毛上，可我向後蹦了一下。

『哎呀』，她說，『還怕生呢，小寶貝，我們怎麼啦，這是怎麼回事，您躲什麼呢，我讓您害怕了嗎？』於是，她把我攔腰抱住，擁吻我；可是，見我羞紅了臉，而且覺得我渾身在哆嗦，她大概是不敢再走下去了，因爲她把褲子遞給了我：『得啦，』她說，『您自己試吧。』對我來說，這褲子太肥、太長了，她便乘機把手伸進我的大腿間，往上摸。她的手一時間不動了，或確切來說是輕微地抖動，就好像是她在哆嗦似的。

最後，當她把我的全身都吻夠、摸夠、碰夠了，便對我說：『哦！事情會進行得極好的，我敢保證。』

然後，她親自給我穿衣，同時撫摸我，就像給我脫衣時一樣。最後，我臨走時，她悄聲細語地對我說：

『我可預先通知您，星期天您得和我待一整天，我們一起洗澡，一起吃飯，一起去看戲。打扮得漂漂亮亮的，下午兩點左右我來接您。』」

「可星期天就是明天！」

「得，她在店裡找不到我了，就這麼回事！」

「這件事妳怎麼對我還隻字未提呢？」

「三天來我遇到了這麼多事，哪還想得到伯爵夫人，讓她去失望吧！」

淘氣的孩子拍手稱快。

我腦子裡閃過一個念頭。

「妳是不是很怕看見有女人追妳？」我對她說。

「我怕什麼呢？」

「我不知道。」

「不怕，尤其是，既然她已事先通知了我，而且我也知道是去幹什麼了。喂，你是不是有什麼想法？」

「我？沒有。不過我承認，看看一個女人怎樣追另一個女人，這倒是蠻有趣的。」

「你好像從沒有見過這種事似的！……放蕩鬼！」

「我是沒見過。只有一次，我看見姑娘們爲了掙錢而互相那麼幹，不過妳要明白，那不過是裝裝樣子。」

「呵，你要怎樣，這就夠不幸的啦。」

「也許有個辦法可以和她恢復聯繫。」

「什麼辦法？」

「妳知道她的地址嗎？」

「不知道。」

「妳不是去過她家嗎？」

「是馬車送我去的，可我沒仔細看那條街，也沒有看門牌號碼。」

「既然這樣，那就算了。妳會激起另一個女人的情慾的，這種女人有的是，放心好了。」

「呵，正是這樣！不過我想，您不會嫉妒吧，先生？」

「嫉妒一個女人！幹嘛要嫉妒一個女人！她永遠都滿足不了您的慾念，我來補充時，只會倍受款待。」

「可如果是個男人呢？」

「呵！」我儘可能一本正經地對她說，「這可是另一回事；如果妳和另一個男人欺騙了我，我就殺了妳！」

「太好了！」她說，「我正開始耽心你並不愛我呢。」

幸好，我愛情的證明是很容易給她的。我抱起她，把她送到牀上。轉眼功夫，我倆都已一絲不掛。到那時爲止，我始終忘了把蓋住鏡子的帷簾拉開。我鬆開鏡繩，鏡子反射出一對枝形大燭臺的光芒。

維奧萊特欣喜地發出一聲喊叫。

「呵！」她說，「多迷人呵！我們要看見自己啦！」

「是的，只要妳能看。」

「我打賭，我會從頭看到尾的。」

「我打賭妳不會的。」

我讓一個長長的吻滑下，從她的嘴唇直到被稱之爲陰阜的那個部位。

「呵！」她對我說，「你的腦袋放在那兒，你就沒法看啦。」

「妳可以爲我們兩個看，而我嘛，可以猜！噢，對啦，」我說，「我們在那兒走得怎麼樣啦？」

「一瘸一拐的。我走的時候，有點疼。」

「我不是對妳說了嗎，用一塊核桃大的海綿，霑上蜀葵汁，在小陰唇之間敷一敷。」

「我是這麼做了。」

「管用嗎？」

「挺管用的。」

「那好，我來給妳徹底治好。」她見我拿起奶罐並放到嘴邊。

「天哪，你這是幹什麼？」

我向她示意，叫她別耽憂，但同時要看鏡子。

這當兒，奶在我嘴裡變溫了，我把嘴唇湊近破碎的小陰唇壁吻了一下，噴出了一股奶，這奶越過了被稱之為陰道的水蓮的花冠。我就這樣做了好幾次。

噴第一股奶時，她輕輕地叫了一聲。

「呵！」她說，「你在幹什麼呢？呵！多舒服，多暖和呀，像是一直進到了心裡。你還沒對我這麼做過呢。你會教我許多好東西的，就像這樣，對不對？」

我變換了花樣；嘴裡不再含奶。

「呵！這個嘛，」她說，「是另一回事，你已經做過了，我認得出。呵，這比那一天還要好受呢。哦！你用舌頭舔哪兒啦，竟讓我這麼舒服？天哪！……天哪！這下子我又要死了……可是不，我不願意聽憑擺佈，我要抗爭……我……我……呵！我完了……親愛的心上人，我的眼睛閉上了，我什麼也看不見了……我沒魂啦……我要死了！……」

夜復一夜，夜夜不相似。但這只是對戀人來說；而對讀者來說，今後很可能幾乎就是昨夜的再現，因此，我們不再贅述。

翌日，我憑記憶畫一幅維奧萊特的素描。午後兩點，有人敲我的門。僕人通報說，來訪者是曼弗瓦依伯爵夫人。我頓時產生了一種預感。「請她進來。」我急速地說；我一直走到餐廳門口，親自把伯爵夫人引進我的臥室，它同時兼作我的工作室和畫室。她起先似乎有點拘謹，坐在了我指給她的扶手椅上。稍加猶豫後，她終於撩起了面紗。這女人有二十八歲，高挑個兒，一頭美髮披垂至肩，梳著當時流行的環形鬈。其眉毛、睫毛、眼睛，似煤玉般烏黑發亮，鼻子很直，嘴唇紅得如用珊瑚做成；下巴線條十分明顯，胸脯和髖部都能看得出，但並沒有發育得與其身量相稱。見我在等她對來訪作出解釋，她便說道：

「先生，我是來走您的門路的。對此您也許會感到奇怪，可只有您能向我提供我希望知道的情況。」

我施了一禮。

「夫人，」我回答道，「很高興能爲您效勞。」

「先生，在您住的那幢房子的底層有家內衣店，那裡有個叫維奧萊特的姑娘。」

「是的，夫人。」

「三天前她失蹤了。我向她的小女友和老板娘打聽時，她們都一律回答我說不知道她怎樣了。後來我向老板打聽，並對他說，我對這孩子很感興趣，可以委託警方找到她。老板就對我說，完全有理由相信，如果我向您打聽，您會把我想知道的情況提供給我的。她在哪兒？希望您能誠懇地告訴我。」

「我沒有任何理由把這孩子藏起來，尤其是對您，因爲您希望她幸福。可我沒讓她躲過貝律謝先生的眼睛，卻是犯了一個大錯，而那位竟拆除了她臥室的門閂，打算在適合於自己的時間闖入。凌晨兩點，孩子來找個藏身之處，我提供給她了，就這麼回事。」

「怎麼，她在這兒？」伯爵夫人激動地喊道。

「不，沒在這兒，夫人，這是不可能的；可幸虧我有套單人房間，我把她送到那兒去了。」

「能給我地址嗎？」

「非常樂意，夫人，維奧萊特可沒對我少談起您。」

「她對您談起過我？」

「是的，夫人。她對我說，您對她如何如何好，在可憐的孩子最需要保護的時候，我可絕對不想讓她得不到您的保護。」

「我只有謝謝您了，而且要說，先生，可憐的孩子去找了您，我是多麼高興，儘管她沒來找我……」

說話的當兒，我在寫地址：聖奧古斯坦街，二樓，包綠天鵝絨的雙重門。署名是：克里斯蒂昂。

那幢房子裡的人只知道我叫這個名字。

「對不起，請問，」伯爵夫人對我說，「您打算什麼時候去看她？」

「今天晚上，夫人。」

「今天下午她不會出去吧？」

「我敢保證，您將發現她在讀書（同時我强調了一下書名）：《莫班小姐》。」

「是您叫她讀這本書的嗎？」

「哦！哪裡，夫人。她想讀什麼就讀什麼。」

「我得去和平街買點東西，然後去她那兒。」

我向伯爵夫人施過禮，便把她一直送到樓梯口。然後，我跑到陽台上，只見她的車子沿著里沃街行駛，並繞過了旺多姆廣場。

我旋即拿起帽子，衝進樓梯，轉眼來到了聖奧古斯坦街。我有過道的鑰匙。我繞房門轉了一圈後，便悄然無聲地進了盥洗室。從一個特意開的窗孔裡，我看見維奧萊特待在長椅上，只穿著睡衣和襯衣，而兩件衣服都裂著，膝上攤著書，手指不經意地撥弄著自己粉紅色的乳頭，她把它像一顆櫻桃似地，從披在胸前的濃髮中露出來，以此作爲消遣。我剛在觀察所安頓好，維奧萊特的一個動作就向我表明，她聽見靠樓梯的門那邊有聲音。果眞有人敲門了。

少女伸出胳膊欲拉鈴繩喚女僕來。可她大概憶起女僕出門了，便自己起身，邁著小碎步，緩緩朝門口走去。

那人繼續敲門。

「是誰呀？」維奧萊特問。

「是我，您的朋友。」

「我的朋友？」

「是的，伯爵夫人。是克里斯蒂昂允許我來的，我還帶來了他的便條。」

「呵！是這樣！」維奧萊特聽出了那聲音，並憶起了我們的談話。「歡迎光臨。」於是，她便給她開了門。

伯爵夫人走了進來。她想到的第一件事便是重新關上門。

「就您自己嗎？」她說。

「再沒有別人了。」

「您的女僕呢？」

「去裁縫舖了。」

「呵！太好了，因爲確信能在這裡找到您，而且和您待上一會兒，我把自己的車打發走了；回頭我坐出租車走。肯給我一、兩個鐘頭嗎？」

「呵！非常樂意。」

「見到我您高興嗎？」

「高興極了。」

「無情無義的小丫頭！」

這當兒，伯爵夫人摘掉了帽子、面紗、開司米大圍巾，只穿著一襲黑緞長裙，那長裙從上到下綴著玫瑰紅的珊瑚釦。她戴的耳環和釦子是一樣的。

「無情無義！」維奧萊特重複道，「爲什麼我是無情無義的呢？」

「不來找我，卻去投奔一個青年男子。」

「您貴姓，住哪兒，門牌號碼是多少，我一概不知。您應該在今天下午兩點去商店找我的，還記得嗎？」

「我是去過了，可鳥兒飛走了。的確，這是爲了換個好一點的鳥籠子。恭喜您飛進了這一個。」

「您覺得這一個漂亮嗎？」維奧萊特問。

「簡直美極了！當這些畫家們動手佈置一套房間時，他們的口味眞是高雅！（然後走近維奧萊特・・）呵！親愛的寶貝，」她說，「知道嗎，我還沒吻過您哪？」

她雙手捧住她的腦袋，熱烈地吻了吻她的嘴唇。維奧萊特下意識地做了個動作，以躲開這個吻，可伯爵夫人攔住了她。

「妳看，」她說，同時開始以「妳」稱呼對方，「妳迷人的腦袋襯在我的黑緞長裙上有多和諧！」

她把她帶到兩扇窗戶之間的鏡子前；伯爵夫人的美麗金髮垂在維奧萊特的臉上，並與她的黑髮混在了一起。

「呵！我多想有一頭金髮。」維奧萊特喟嘆道。

「爲什麼呢？」

「因爲我覺得金髮女人比褐髮女人漂亮多了。」

「妳這話當眞，小心肝？」

「哦，是的，」她回答道，一面望著伯爵夫人，目光中流露出來的好奇心要多於想望。

「噯！其實我呀，只不過是半個金髮女人。」伯爵夫人說。

「怎麼會呢？」

「我的眼睛和眉毛都是黑的。」

「可這樣很美。」孩子天眞地反駁道。

「那妳覺得我很美囉？」

「美極了！」

「嘴好甜。」伯爵夫人說著，摟住維奧萊特往長椅上坐，同時把她拽到自己膝蓋上。

「您要累著了。」維奧萊特說。

「哪裡。妳這裡眞熱，小寶貝！」

「您把釦子釦得像過冬天似的。」

「有道理，我憋得慌。如果我確信沒人來，我就把胸衣脫了。」

「您放心好了，沒人會來。」

「那麼……」伯爵夫人說著，便用一個快手動作，解開了整襲長裙，把胸衣上的搭釦弄得啪啪作響，又把它猛地脫掉，扔在一張椅子上，然後便痛快地呼吸了一下：除去了胸衣，她身上就只有細麻布長內衣和重新扣上釦的綢長裙了。

「妳呢，」她說，「穿開司米長裙是不是太熱了？」

「哦！不熱！您瞧，這有多薄。」

維奧萊特也解開了睡衣的束腰繩，露出了穿細麻布小襯衣的體態，和趿一雙天鵝絨拖鞋的光腳。只見她身材苗條，一對滾圓的乳房妙不可言地聳起著。

「瞧瞧這小妖精，」伯爵夫人說，「才十五歲，就比我有胸脯了。」她把手伸進了維奧萊特襯衣的開口處。

「呵！多棒呀！」她喃喃地說，「粉紅色的乳頭就像一個金髮女。呵！親愛的小寶貝，它和我的黑眼睛、黑眉毛、金頭髮正好相配呢。讓我吻吻這小乳頭吧。」

維奧萊特環顧了一下周圍，似乎想要徵得我的同意，儘管她並不知道我在場。可伯爵夫人的嘴貼在了她的胸脯上，她不僅吻了乳頭，還嘲了它，用牙咬了它。

維奧萊特不禁做了一個性感的動作。

「呵！看看這小淘氣，」伯爵夫人說，「還沒出世呢，就巴不得想玩了！……現在該換另一個了，如果我不照樣吻吻它，它會嫉妒的。」

她捉住另一個乳房，像對前一個那樣，嘲了嘲。

「呵！夫人！您這是幹嘛呀？」維奧萊特問。

「撫摸妳呀，我心愛的。妳難道沒發現，從見到妳的第一天起，我就愛上妳了？」

「一個女人難道可以愛上另一個女人嗎？」維奧萊特問，那天眞無邪的神態足以使一位聖人下地獄，更何況是伯爵夫人。

「小傻瓜，」那位回答道，「再可以不過了！（然後被裙子絆住了）該死的裙子！太礙事了！」她說，「我要脫了它，對嗎？」

「請便吧，伯爵夫人。」

「別畢恭畢敬地叫我伯爵夫人，」那位嚷道，一邊脫她的裙子，因爲動作過猛，扯掉了兩、三個釦子。

「那您要我叫您什麼呢？」

「叫我奧代特，這是我的化名。」

這下子只穿著細痲布內衣了，她便往長椅上一倒。維奧萊特正躺在那兒，她已重新把睡衣束好，利用伯爵夫人留給她的暫息機會，再度進入防衞狀態。

「好哇！這是怎麼回事，小頑固？您想防備？眞想不到。」

「防備誰？」

「防備我呀。」

「爲什麼我要防備您呢？您根本不想傷害我，是嗎？」

「是的，」伯爵夫人說著，一點點脫去她的睡衣。「相反，我要讓妳快活，不過爲此，妳得聽我的。」

「可是，說來說去，伯爵夫人，」

「奧代特，」那位插嘴道，「奧代特，直接叫奧代特好了，告訴妳。」

「可是說來說去，當您……」

「『您』……，別『您』呀『您』的。」

「當妳……哦！我哪敢呢！」

伯爵夫人把維奧萊特的小嘴完全裝進自己的嘴裡，並朝它射出了舌頭。

「『妳』……『妳』，我說，」她對她重複道，「難道我們不是好朋友嗎？」

「那可不行，我只是一個平民出身的窮姑娘，而您呢，卻是一個貴婦人！」

「那好！她該怎樣做，才能叫您原諒她是伯爵夫人呢，驕傲的小寶貝？瞧，我給您跪下了，您滿意了吧？」

伯爵夫人果眞跪在了坐著的維奧萊特面前，溫柔地撩起她的襯衣，好觸摸某些神祕而美麗的東西，試褲子時，她已經知道它們的存在了。她的雙手使得細麻布被拱起，而她那火辣辣的目光就一直深入到那拱起的地方。

「呵！愛情的瑰寶！」她喃喃低語道，「她生得眞好！多麼豐滿的大腿！多麼光滑的肚子！您是用什麼大理石雕刻的，我親愛的赫柏❻？是用柏羅斯❼大理石還是用卡拉爾❽大理石？而這小黑塊！得啦，把腿叉開，小淘氣，讓我吻吻它。」

她把頭伸進襯衣裡。

「多好聞哪！知道吧，愛俏的姑娘，這是葡萄牙香水！」

「克里斯蒂昂喜歡這味兒。」

「克里斯蒂昂！那是什麼玩意兒？」伯爵夫人喊道。

「是我的情夫。」維奧萊特說。

「您的情夫！您有情夫了？」

「有啦。」

「這情夫佔有您了？」

「不錯。」

「您已經失去童貞了？」

「是的。」

「多久了？」

「兩天了。」

「呵！……」

伯爵夫人氣得發出了一聲喊叫。

「呵！小傻瓜！」她繼續說，「竟把自己的童貞給一個男人！」

「那您願意我給誰呢？」

「給我！給我！我本會爲此補償妳的，妳要什麼都行。呵！」她做了個絕望的手勢，繼續說道，「我永遠都不會原諒妳！」

她一手抓起胸衣，另一手抓起裙子，像是要穿起來。

「而妳那位情夫，他是怎麼對妳的？他冷酷無情地把妳撕裂了？妳敢對我說，他讓妳快活了嗎？」

「呵！是的！」維奧萊特大聲說道。

「妳撒謊！」

「那種快活是我以前所想像不到的！」

「妳撒謊！」

「我當時還以爲，我會幸福得發狂呢！」

「住嘴！」

「這關您什麼事呢？」

「怎麼，關我什麼事？可他偷走了我那麼多幸福。我還以爲妳是清白的，想一點點地把愛情的祕密統統告訴妳！我會每天爲妳想出一種新的樂趣！可他，卻以他那種粗魯的肉體享樂糟蹋了妳。那粗糙的、佈滿汗毛的皮膚，摸起來能舒服嗎？」

「呵！我的克里斯蒂昂皮膚像女人一樣！」

「得啦，我想攻擊他倒錯了！別了！」

她怒不可遏地把胸衣重新扣好。

「您要走了？」維奧萊特問。

「現在我在這兒還有什麼可幹的呢？根本沒有？您有了一個情夫！呵！其實，從您防備我的舉動，我立時就猜到了。」

她倉卒地扣她的裙子。

「又一個幻想破滅了。」她說，「呵！我多不幸呀！我們這些想保持自己性別驕傲和尊嚴的女人。我答應給自己許多幸福的，而且是和妳分享，壞孩子！呵！我心裡好難受，我得哭一場，要不就慪死啦！」

她倒在一把椅子上，嗚咽起來。她的眼淚少得可憐，只有嗚咽聲在表明那巨大的痛苦。維奧萊特則爬起來，沒想到要重新穿睡衣，便只穿著襯衣，半裸著，在她面前跪下了。這回是輪到她這麼做了。

「得啦，伯爵夫人，別哭得這麼傷心了。」她說。

「伯爵夫人！總是這樣！」

「得啦，奧代特，您是不公平的！」

「『您』！」

「妳是不公平的！」

「怎麼這麼說！」

「我能知道您爲什麼愛我嗎？」

「『您』爲什麼愛我！」伯爵夫人跺著腳重複道。

「妳爲什麼愛我？」

「妳來我家時，難道沒看出來嗎？」

「我哪裡會往哪兒想呢，我那麼天眞！」

「妳現在不天眞了，對不對？」

「我不那麼天眞了。」維奧萊特笑著說。

伯爵夫人扭自己的胳膊。

「她嘲笑我的痛苦！」她嚷道。

「不是的，我向您發誓……我向您發誓！」

伯爵夫人搖了搖頭。

「呵！一切都結束了！我會原諒，卻不會忘記。得了，別那麼軟弱！您不會再見到我了！別了！」

伯爵夫人絕望得發狂，活像一位情夫剛剛得知其情婦確實有不忠的行爲。她打開門，衝下了樓梯。

維奧萊特等了片刻，豎起了耳朵，以爲她會回來，可惱怒的伯爵夫人眞的走了。

維奧萊特重新關上了門，轉過身來時，看見我站在盥洗室門口，驚訝得叫了一聲。我哈哈大笑，她撲進了我的懷裡。

「呵！我眞高興剛才沒胡來。」她說。

「妳沒感到有點爲難吧？」

「還好。不過有那麼一會兒，就是她吻我的小乳房時！呵！我渾身跟著了火似的！」

「所以嘛，在這種時候，」我說，「我說用不著强迫妳啦！」

「哦！是用不著！」

我把她抱起來，放在長椅上，讓她擺出伯爵夫人讓她擺過的姿勢。

「妳說過，這是我喜歡的味兒。肯讓我聞聞嗎？」

「喏，」她把大腿擱在我脖子上，說道，「你聞吧！」

一陣沈默。這沈默比世上所有的語言都更能說明問題。

「呵！」她喃喃地說，「她居然說什麼你沒使我快活！」

我也重新喘過氣來。

「再說，妳知道嗎？」我說，「就像用的是從軍的名字，親愛的伯爵夫人穿的也是軍服。她脫胸衣和裙子時的那股利索勁兒，連我給妳脫衣服時都做不到。我差點沒管教管教她，她要是再脫下去的話。」

「那樣的話，你不是正好可以開開心嘛，放蕩鬼！」

「說眞的，妳倆的身體若擺在一起，大概會形成一種很誘人的對照。」

「可惜您見不到了，先生。」

「誰知道呢？」

「她走了呀！」

「唔！她會回來的。照這樣，她會馬上回來的！」

「不。你沒見她氣成什麼樣子了。」

「我敢打睹，明天早晨會有妳的一封信。」

「要不要收下？」

「要，不過妳得交給我。」

「哦！我們以後幹什麼都要兩人一起幹。」

「妳答應我了？」

「我起誓！」

「那這事就託給妳啦。」

正在這時，有人輕輕地敲門。維奧萊特辨出是女僕的敲門方式。

「去開吧。」我對她說。

維奧萊特開了門。

女僕手裡拿著一封信。

「小姐，」她說，「是剛才和那位太太一起來的黑人給您送來的。」

「要回信嗎？」

「不用給他，因爲他叮囑，等您一個人時再交給您。」

「您知道這叮囑是沒用的，列奧妮太太，我對克里斯蒂昂先生沒有任何祕密。」

「好的，小姐，不管怎麼，信在這兒了。」

維奧萊特接了過來。列奧妮出去了，我重新出現在房門口。

「好哇！」我對她說，「她連明天都等不到就給妳寫信了。」

「你眞是能掐會算。」維奧萊特搖晃著信說。

她過來坐在我的膝上。

我們把伯爵夫人的信拆開，並讀了起來。

註　釋：

❶ 羅馬神話中的商業神，希臘神話中衆神的使者，亡靈的接引神。

❷羅馬神話中愛與美的女神。

❸希臘城市。

❹希臘城市。

❺猶太先知(~五九二—BC~五七〇BC)

❻希臘神話中的青春女神。

❼希臘的一個島嶼,盛產白大理石。

❽義大利地名,盛產白大理石。

第五章

信是這樣寫的：

無情無義的孩子！儘管我在離開您時曾發誓，永遠不再見您，也不給您寫信，可我對您的愛，應當說是我的傻念頭，是那樣的強烈，以致我無法抵禦。聽著，我很有錢，是個寡婦，不受任何約束；我和我丈夫在一起時非常不幸，他去世時我便發誓，要永遠地恨所有的男人，而我遵守了自己的誓言。如果您肯愛我，而且愛得專一，我就會忘記您曾經被一個男人碰過、玷污過。您對我說過，您不知道我愛您，而我對您卻一往情深，結果總也擺脫不了這句話：您不知道！以致到了失魂落魄的地步。如果您仍然是純潔的該有多好！……可絕對的忠實世上並不存在；我只好就這樣接受您了，誰叫我命苦的呢。

好吧！如果您肯愛我，同意離開他，答應永遠不再見他，我不說我會給您這樣或那樣東西，我要說的是：凡我所有的，都將屬於您，我們將生活在一起；我的房子、車子、僕人，都將是您的。我們不再分離，您將是我的女友、姐妹、心愛的孩子，而且超過這一切，您將是我鍾愛的情婦！可是別用情不專，那樣我會非常的嫉妒，我會死的！

按我信上的署名給我回信。我將等待您的信，一如瀕臨死亡危險之人等待生還一樣。

奧代特

我和維奧萊特相視而笑。

「嗳！」我對她說，「妳看，她寫得夠坦率的。」

「她瘋了！」

「還不是因爲妳，這是明擺著的。妳怎麼辦呢？」

「當然，我是不會回信的。」

「正相反，給她回信。」
「爲什麼呢？」
「只是爲了別聽到她的死訊，免得自責。」
「嗨！克里斯蒂昂先生，您根本就是想看到伯爵夫人一絲不掛的樣子。」
「妳很清楚，她恨男人。」
「是的，可您會消除她的偏見的。」
「聽著，維奧萊特，如果這惹妳不痛快……」
「沒有哇，不過，能答應我一件事嗎？」
「哪件？」
「就是，你絕不要完完全全地做愛。」
「什麼叫完完全全地做愛？」
「你可以自由支配你的眼睛、手甚至嘴，可剩下的歸我支配。」
「我起誓！」
「以什麼起誓？」
「以我們的愛情。」

「好啦，我們現在再來談伯爵夫人的信。想想吧，她提出要給妳的地位有多好。」

「叫我離開你，絕不！你也許會攆我走，因爲是我自己找上門來的，你有這個權利，可叫我離開你，我寧願死。」

「那只好放棄這個方案了。」

「我想是的。」

「應當寫信告訴她這個……」

「告訴她什麼？」

「拿筆吧。」

「要是我拚寫出錯呢？」

「隨它去好了。妳那些拚寫錯誤，伯爵夫人會按一路易一個付錢的。」

「那樣一來，我寫上二十行，她就得付二十路易了。」

「別操這份心了。寫吧。」

「我這就寫。」

維奧萊特執筆，我口授。

伯爵夫人：

我完全明白，您所提供給我的那種生活是幸福的，可我已操之過急；而如果我在我所愛的男人懷抱裡找到的不是幸福，那至少也是它的影子。我無論如何都不願離開他。他也許會把痛苦淡忘，因為，據說男人是易變的，可我，一輩子都不會再快活。

這麼答覆您我心裡很不是滋味，您對我曾經那麼好，所以我是真心實意地喜歡您，而如果我們之間沒有社會距離的話，我願做您的朋友。可我明白，人們是不願把一個本想使其成為自己情婦的女人變為朋友的。

總之，不論我是否再會見到您，我都要把您落在我乳房上的吻，和您把嘴挨近我大腿時呼出的氣留給我的感覺，保存在我曾有過的最溫馨的感受中。想起您的吻，我就閉上眼睛嘆息，回味您熱呼呼的氣息，我如癡如狂……

我不該對您說這些，因為這完全像是愛情的表白。可我並不是在對美麗的伯爵夫人說這些，而是在對我親愛的奧代特。

我仍然通過口授，補充了下面的話：

您的小維奧萊特雖把心給了人，但卻把她的靈魂留給了您。

「不，」維奧萊特把筆一扔，說道，「我不寫這個。」

「爲什麼？」

「因爲我的心和靈魂都是屬於你的，你可以不再要它們，可我不能收回去。」

「呵！我心愛的！」

於是我把她摟在懷裡，把她吻了個遍。

「呵！」我對她說，「我願用全世界的伯爵夫人，來換取如此纖細的陰毛中的一根，它們留在了我的髭鬚上，那是當……」

維奧萊特用手捂住了我的嘴唇，我已經注意到，就像那些天性細膩而敏感的人一樣，她聽任我做一切，自己也享受著一切，可就是本能地保持著耳朵的貞潔。

我經常注意到，一些女人眼睛好奇，嘴很殷勤，可就是在這方面太敏感了。

「噯，」她問，「我們拿這封信怎麼辦？」

「給伯爵夫人送去。」

「是寄還是讓跑腿的送？」

「如果妳希望今晚得到回信，那就讓跑腿的送。」

「她不會回信的。」

「伯爵夫人不回信？得了吧！她現在陷進去了，得出來。」

「那就讓跑腿的給她送吧。你想像不出這讓我多開心，我已經想得到回信了。」

「我這就讓人送去。今晚我那裡請客，九點我回來，如果有信，別自己回。」

「我不拆開它。」

「這樣要求妳未免太過份了。」

「我的美德就是儘可能地爲你犧牲一切，除了不再愛你。」

「那好，今晚九點見。」我吻了她一下，說完這句話又吻了她一下。

「晚上見。」

我用第三下吻封住了她的嘴，然後便走了。

在維維埃納街的拐角，我遇見了一個跑腿的，便把信交給他，並囑咐道，如果有回信，得捎回來。

我自己也很好奇地想讀它，九點差一刻，我就回到了聖奧古斯坦街。

維奧萊特迎了上來，手裡拿著一封信。

「妳不至於說我遲到了吧。」我指著掛鐘對她說。

「你提前是爲我還是爲伯爵夫人呀？」她笑嘻嘻地說。

我從她手裡奪過信，裝進了口袋。

「喲！你這是幹嗎？」

「得，我們有時間讀它，明天早上再打開吧。」

「爲什麼要到明天早上呢？」

「爲了要妳相信，我是爲妳而來，而不是爲伯爵夫人。」

她撲上來摟住了我的脖子。

「我吻得對嗎？」她說。

「非常性感。」

「是你教我的。」

「正如我所教妳的，對吧，舌頭不僅僅是用來說話的。

「我的舌頭除了在親吻中起作用外，還只是用來說過話而已。」

「而伯爵夫人會教妳，它還可以幹別的。」

「我們來看看信吧。」

「是妳願意看的。」

「是我求你的。」

「那好，等到九點吧。」

「呵，你知道嗎，就是，假如你把手放在那兒，我就聽不見敲鐘聲了。」

「我想我們最好還是馬上讀信。」

我們不再去理會時間，兩人都迫不急待地想看看信裡寫些什麼；於是我們把信拆開，讀了起來：

親愛的小維奧萊特：

我不知道我收到的信是出自您本人，還是有人口授的；如果是出自您本人，那您簡直是個小魔鬼。三點鐘離開您時，我發誓不給您寫信。收到您信時，我也發誓不再見您。而且當我唸完前半部分時，我仍打算遵守自己的誓言。不料您在後半部分改變了筆調，您這陰險毒辣的小姑娘，您竟然提到了您有過的感受。讀第一句話時，我蒙在往事上的遮布被掀開了，於是我看見您躺在長椅上，而我用嘴唇轉動著您鮮艷的乳頭，它來迎接我的舌頭時變硬了。瞧，我已只是用手在讀您的信，而我的眼睛模糊了。呵！我是個傻瓜！我已只會一遍又一遍地低喚您的名字，一遍又一遍地，而我自己也癡狂了……維奧萊特，您這不結果的憂傷之花，正是名如其人，我渴望您……我要您……我……我……愛您……

不，這不是真的，我恨您，不願再見到您，我詛咒我的手，因為我曾經再也控制不了它。我也咀咒給它指路的情慾。我又撿起滑掉的信，那是在我的手指抓住沙發的枕頭時滑掉的。您提到我在您大腿上呼的氣給您留下了印象，我現在正讀這一行，我又看到了我聞過的那黑乎乎、香噴噴的一小塊，我正要用嘴唇碰，用牙齒啃，不料您的一句話……可我沒聽見您對我說什麼，我已想不起來，也不願意想起來，我的記憶只在眼睛裡。天哪！多美的大腿！天哪！多美的肚子！我沒見到的東西想必也是美的！那就要等下一次了……不，我不願意，我瘋了，明天我會蒼白得要死，難看得嚇人！呵！該死的迷人精！不，我不會幹的！……維奧萊特，您的嘴……您的胸脯……您的……呵！我的天哪！……呵！什麼時候我再能見到您？

您的自慚形穢、無地自容的奧代特

「嗨！」我對她說，「好極了，這可是我沒見識過的情慾！我得在高潮時刻給妳們畫一張速寫才是……」

「克里斯蒂昂先生！……」

「得，我們來寫回信吧。妳要對她說些什麼？」

「你很清楚，是你口授，而我只是執筆。」

「那好，寫吧。」

親愛的奧代特：

明天早上九點，克里斯蒂昂離開我。這是我洗澡的時候。您曾建議我和您一起洗澡，而現在我建議您和我一起洗澡，儘管我不知道您能從中得到什麼樂趣。兩個女人之間的愛情會是什麼樣的，我實在想像不出來；您得在這種關係下教給我一切。我一無所知，這真叫我難為情。

不過和您在一起我會學得很快的，因為我愛您。

您的

維奧萊特

她封上信，寫好地址，叫來列奧妮：

「請把這信叫一位跑腿的送去。」她說。

「就今晚，就今晚，可聽見了？」我强調說。

「先生請放心，信今晚就送去。」女僕回答道。

然後她出去了。

一分鐘後她回來了。

「小姐，」她說，「伯爵夫人的那位黑人來看看是否有她女主人的回信；我能把您剛才交給我的信給他嗎？」

「給他吧，要快。」

列奧妮這次出去後沒再回來。

「她著急著呢，那伯爵夫人。」我說。

「我明天該做什麼呢？」維奧萊特說。

「做妳想做的。我讓妳臨場發揮。」

「那好，」她說，「我會盡量讓你高興的。」

第六章

翌日早晨九點差五分，維奧萊特在洗馬鞭草香浴，而我則躲在佔了一角的衣櫃裡，從那兒，想必我不會漏掉一個細節，也不會漏掉一句話。

我本人的痕跡已全部抹去；被單已換過，而且還灑上了有龍涎香的科隆香水。

九點整，一輛車子停在了門口。

片刻之後，伯爵夫人進來了，是列奧妮領來的，她把門在身後關上了。

伯爵夫人推上了門閂。

洗澡間用來照明的，是一盞玫瑰紅波西米亞玻璃燈；上面的開口處封住了，免得日光混入，這樣一來，洗澡間便具有一種黯淡而不眞實的色調。

「維奧萊特！維奧萊特！」伯爵夫人從門那邊叫道，「妳在哪兒？」

「在這兒，在洗澡間裡。」孩子回答道。

伯爵夫人躍了三下，便越過了臥室。她停在了門口。

維奧萊特從浴缸裡露出她那海中仙女的上身，朝她伸出了胳膊。

「呵！是的！是的！」伯爵夫人邊說邊衝了過去。

她身穿一襲黑天鵝絨長裙，領口別著一枚大鑽石，腰間束一條鑲金嵌銀的鮮紅色腰帶。

她開始脫她的玫瑰紅絲襪和靴子，靴子脫起來就像脫襪一樣；然後，她把鈕子從上到下解開，把腰帶鬆開，讓長裙滑脫。

天鵝絨長裙下，是一件領口和袖口帶瓦朗西納[1]花邊的細麻布內衣。

她讓內衣像天鵝絨長裙一樣滑脫，這樣她就一絲不掛了。

伯爵夫人，獵神狄安娜型的女人，眞正是一個尤物；與其說她有胸脯，不如說她有乳房，其腰肢柔軟如迎風搖曳的樹幹，腹部完美無瑕，一片濃密的紅棕色陰毛覆蓋著它的下面，，猶如一股火從火山口竄出。

她走近浴缸，想下去。

可維奧萊特止住了她。

「呵！讓我看看您，」她對她說，「您那麼美，値得花時間看個仔細。」
「妳這麼認爲嗎，我的心肝？」
「呵！是的。」
「看吧！哦看吧！我感到妳的眼睛像鏡子一樣燒灼了我。瞧，所有這一切都是屬於妳的，知道吧，就是說我的眼睛、嘴巴、胸脯……」
「而這撮美麗的陰毛也是？」維奥萊特問。
「哦！它尤其是！」
「多美麗的色調！」孩子說，「它爲什麼和您頭髮的顏色不一樣呢？」
「爲什麼我頭髮的顏色和我的陰毛不一樣？爲什麼我是一個不喜歡男人的女人？因爲我是一個矛盾的複合體。得，給我騰點地方，我親愛的心上人！我要感覺到妳的心在挨著我的心跳動，我都等不及了。」
浴缸很大，能盛得下兩個人。伯爵夫人從上面邁了進去，身不由己地滑到了維奥萊特的身邊。
水晶般透明的水使人無所不見。伯爵夫人宛如一條水蛇，在維奥萊特周圍游動。她把腦袋從她肩膀下過，順便咬了一下她的腋毛，又把自己的嘴伸到她的嘴邊。」

「呵！」她說，「我終於逮住妳了，壞孩子，妳曾讓我痛苦不堪，現在要補償我了。」

「先把妳的嘴、嘴唇、舌頭給我，而當我想到，是個男人首先給了妳那些吻，是他教會了妳委身於他，我就不明白我爲什麼不掐死妳！」

像一條把腦袋射向前的蛇似的，伯爵夫人向她連連投出吻，而且一邊用手揉她的乳房。

「哦！親愛的乳房！我心愛的，」伯爵夫人喃喃地說，「是你們使我昏了頭、失去了理智！」

她一邊撫摸她，一邊腦袋後仰，眼睛半閉，齒縫裡發出絲絲的響聲。

「跟我說說話吧，我心靈的快樂！」她說。

「奧代特，親愛的奧代特！」維奧萊特低語道。

「喂，看看她是怎麼說的，這冷酷無情的小姑娘，就像是在問聲好。妳莫不是怕克里斯蒂昂聽見吧？等等！等等，我們來加個升號，把音升上半個調看看。」

她的手沿著胸脯滑到髖部，從髖部再往下；可到了那兒，她停頓了片刻，像是在猶豫要不要越過雷池。

「妳感覺到我的心在挨著妳的胸脯跳動嗎？呵！如果能像吻妳的嘴一樣吻妳那個地方該有多好！……能嗎？……妳感覺到了嗎？……」

「感覺到了，」維奧萊特說，她開始感覺到那種微癢的最初的肉體快感。「是的，是妳的手指，對嗎？」

「妳這麼年輕，遠還沒有發育好，所以我幾乎感覺不到那寶貴的、小小的愛之蕾，它把生命之花奉獻給整個大自然。呵！不，它在那兒！」

「妳的手指多輕呵，多溫柔呵，剛一摸到它就哆嗦開了。」

「妳要快點嗎？妳要重點嗎？」

「不，不，這樣就很好。」

「可妳呢，妳的手在哪兒呢？」

「我不是說了麼……我一無所知，得教給我一切。」

「連舒服也得教？」

「呵！不。這會來的，會自然而然來的。奧代特……親愛的奧代特！奧代特……」

伯爵夫人用一個吻接住了其餘的嘆息。

「好極了，」她說，「一種語言光會說是不夠的，還得加上語氣。」

「我是個好學生，」維奧萊特說，「巴不得想學點東西呢。」

「那麼，從浴缸中出來吧，我可不能把腦袋泡在水裡，而對我的手指剛才說的話，我要用強烈的語氣補充兩句。」

「我們出來吧，」維奧萊特說，「前面有旺火和浴衣、浴巾。」

「來吧，」伯爵夫人說，「我來給妳揩。」

她從水裡出來了，渾身濕漉漉的，美麗、驕傲得像泰蒂斯❷；她自以爲騙過了我，因而洋洋得意。

被她用胳膊托起的維奧萊特，朝我所在的方向瞟了一眼，似乎是爲了對我說：「這都是爲了讓你高興，我是奉你的命令才做這一切的。」

所有的窗簾都拉上了，房間裡只靠火光照明。

兩個人全都哆嗦著來到火爐前，可伯爵夫人只顧維奧萊特而不顧自己。我聽見她邊給她揩，邊讚不絕口，手停在哪個部位，就誇哪個部位，每個部位都得到了，撫摸和誇讚。脖子、胳膊、後背、肩膀、胸脯、乳房，從某種意義上來說，所有這些都是按發育程序來的。至於她自己，滾燙的皮膚足以烤乾身上的水。維奧萊特那方面則維持原狀、被動消極、聽任擺佈，僅此而已。

伯爵夫人不時地指責她：

「妳不覺得我的胸脯很美嗎？妳不吻吻嗎？妳不覺得我的陰毛很柔軟嗎？幹嘛不用手指把它拉直？我可事先告訴妳，我現在全身都跟著了火似的，等一會兒，我給妳什麼，妳得還我什麼，而且妳得用手指、嘴讓我舒服……」

「可是，親愛的奧代特，」維奧萊特回答道，「妳很明白，我說過了，我是一個小無知。」

「不錯，可妳巴不得想學呢。那好！我來給妳示範。」

我看見她們兩個赤身裸體地過去了。伯爵夫人把維奧萊特抱到牀上。於是，我便可以完完全全地看見她們了。伯爵夫人把維奧萊特放在黑熊皮上，輕輕地把她的大腿掰開，凝視了片刻這獨具魅力的、直衝心臟的大自然的尖形小窟窿。然後，驀地，鼻孔張開了，嘴唇翹起了，牙齒直打顫，她像一頭母豹撲向獵物，把嘴貼了上去。

一般來說，這樣的撫摸是和男人爭風吃醋的女人拿手的一著。仗著嫻熟、靈巧、機敏，她使情婦毫不後悔，而她在她身邊扮演的角色，其實是並不適合於她的。

似乎是，伯爵夫人答應給維奧萊特一切令人銷魂的快感，並非是在吹牛。我不無嫉妒地看見我親愛的小情婦在打滾、喊叫、喘氣、死過去，而那張殘忍的嘴像是要吸走她的靈魂，直到最後一口氣。

的確，對於一個畫家來說，這畫面是迷人的，我心悅誠服地承認，它消除了我那小小的嫉妒情緒。

伯爵夫人把雙腿收到膝蓋下，屁股坐在腳跟上，身體追隨著維奧萊特身體的全部動作，腰部起伏得令人叫絕，而慾念使她舒服得發顫，簡直可以說，她當主動者毫不吃虧，也許甚至還有所沾光呢。

終於，兩個人都累到了這種程度：維奧萊特從牀上滑到了熊皮上，主動者和被動者並排在了一起。

「呵！」伯爵夫人喃喃地說，「該我了，這是妳欠我的。」

她把維奧萊特拽向自己，抓起她的手，把它放在那火紅色的、與她的金髮與黑眉成强烈對照的苔蘚上。

可維奧萊特有她自己學過的課，作爲一個有舞台經驗的演員，她從頭至尾表演了一番。她的笨拙大概使伯爵夫人有所不滿，因爲我聽見她在低語。

「不是那兒，」她對她說，「妳的手指太高了，那兒……那兒……不，太低了，妳不覺得有什麼東西在變硬嗎？噯，得在那兒動。正是這種摩擦會產生快感。呵！妳是故意那麼做的，小壞蛋。」

「我向妳保證我不是故意的，」維奧萊特說，「我在盡量地做。」

「妳在上面時，幹嘛要縮回去？瞧，還是在這種時候。」

「我的手指打滑了。」

「呵！妳勾起了我的火，卻不幫我熄滅。」伯爵夫人說道，一面因受著荒謬的情慾的折磨而扭動身體。

「聽著，我美麗的情夫，」維奧萊特說，「我們來變個法兒試試。」

「什麼法兒？」

「妳躺在牀上，頭衝鏡子方向後仰，而我跪著，用嘴來撫摸妳。」

「妳愛怎麼做都行。」

伯爵夫人一躍而起，她朝天躺下，眼睛衝天花板，雙腿叉開，身體被球形牀彎成弓形。

這是約定的時候，我從盥洗室裡爬了出來。

「我這樣行嗎？」奧代特問，同時屁股做著一種誘人的、使身體上下顛簸的動作。

「我覺得行。」

「現在，給我分頭路吧，把我的陰毛往兩邊分。」

我不折不扣地按指示做了，這本來是給我的小女友下的。

「是這兒嗎？」維奧萊特問。

「是的，而現在……該用嘴了……如果妳不讓我舒服，我就掐死妳。」

我把嘴貼到指定的部位，而且毫不費力地遇到了那東西，維奧萊特因假裝笨拙找不到它而受到了指責。事情很容易，更何況，不出我所料，在伯爵夫人身上，那東西比一般女人的長，宛似一個被吻得硬挺的處女的乳頭。我開始捉住它，用嘴唇輕輕地轉動它。

伯爵夫人發出了一聲淫蕩的嘆息。

「哦，」她說，「正是這樣，假如妳繼續下去，我想……我想妳就不再欠我什麼了。」

我繼續下去，同時把維奧萊特拽過來，指給她看在這三人小集團中她要做的那部份事。

然而，和我在一起，維奧萊特不再是奧代特笨拙的情婦。她成了我尋求快感的幫手：猜到肉體享樂有種種反覆無常的要求，見我只是把手放在那兒，她便把嘴貼了上去。我舒服極了，感到她在把我給伯爵夫人的撫摸還給我，只是形式不同而已。那位繼續在表示滿意。

「哦！眞的，」她說，「這樣非常好。呵！這小騙子居然說什麼她得學，就這樣，就這樣……別太快了。眞希望能永遠繼續下去，呵……哦……妳那舌頭，我感覺到了。可是……妳……太……哎呀……太熟練了！現在是牙齒……呵，正是這樣……咬我吧……呵！可是……這實在太好了！」

如果我可以說話，我也會如此稱讚維奧萊特。這積極熱心的孩子，對愛情方面的事具有一種本能。

我承認，我撫摸伯爵夫人的同時，自己亦從中獲得了巨大的快感；我的嘴唇從未挨過比這更芳香的桃子，而我正在用舌頭打開它的肉。這個二十八歲女人身上的一切都是未成熟的、沒長開的，就像十六歲女孩身上的一切。可以想見，當初男性的粗暴從它們上面經過，也只是爲了打開更爲細膩、敏感的撫摸之路。

　　我沒把撫摸集中在陰蒂，這少女自娛時快感的位置；在成年女子身上，快感是由陰蒂和陰道來分享的，而陰蒂的反應照樣十分强烈。

　　我的舌頭不時地進到那熱呼呼的、豐富多彩的深處，子宮頸一直延伸到那兒。於是，同樣是肉體享樂，性質卻變了。另外，當時爲了不給伯爵夫人喘息的機會，我的手指代替了嘴唇去撫摸陰蒂。伯爵夫人讚不絕口。

　　「呵！」她說道，「好怪呀，我竟從未有過這麼强烈的快感。哦！我不讓妳完，如果妳不答應我重新開始的話。知道吧，我感覺到了一切，分辨出了一切，妳的嘴唇、牙齒、舌頭。哦，如果妳繼續這樣，我就再也克制不住自己了……我好舒服……知道吧……我好舒服……呵！讓我這麼舒服的不可能是妳。維奧萊特！……維奧萊特！……」

　　維奧萊特根本不想回答。

　　「維奧萊特，告訴我這是妳。哦！不是的，這裡面有太多的女人的技巧。這不可能是妳。」

伯爵夫人竭力想起身，可我的兩隻手按住了她的胸脯，把她固定在了牀上，另外，極度的快樂開始了，我感到所有引起快感的器官都集中在我的嘴唇下。我加快了舌頭的動作，還加進了髭鬚的摩擦。在此之前，我只是讓它旁觀，而沒讓它參與。伯爵夫人扭動著，喊叫著。接著，我感到了那種熱呼呼的液體，它像是從全身流出，集中於陰道的。我最後一次用嘴唇裹住了一切，因渴望已極，便不管自己願意不願意，收取了伯爵夫人的眞正靈魂。

維奧萊特如死一般地躺在我的腳下。我已無力對抗伯爵夫人的動作，她掃了一眼戰場，大喊一聲，蹦下了牀。

「不用說，」我對維奧萊特說，「我竭盡所能，做了使自己和伯爵夫人不和的事，現在該妳來使我們言歸於好了。」

我回到了盥洗室。

我先是聽到喊聲，然後是哭聲，再然後是嘆息聲；於是，我掀開開門簾，看見維奧萊特在盡量使我和伯爵夫人和好，她接替了我剛才的角色。

「呵！」等維奧萊特結束，伯爵夫人說，「我應該說幹得不錯，可剛才簡直是妙極了。」

於是她朝我伸出了手。

我們講和了。

參戰者之間所簽署的和約如下：

1.維奧萊特絕對是我的情婦。

2.我可以把她借給伯爵夫人，但永遠要當著我的面。

3.只要我願意，對伯爵夫人來說我就是一個女人，但絕不是一個男人。

諸君總還記得維奧萊特的保留意見吧。

和約爲一式三份，並都署上了名。附註寫明，如果伯爵夫人和維奧萊特欺騙了我，我對伯爵夫人就擁有我對維奧萊特所擁有的權利；她們那有罪的交談持續多久，我就擁有多久。

註　釋：

❶ 法國城市。

❷ 古希臘海洋女神。

第七章

起先，維奧萊特生怕我對她的愛會由於我們之間訂立的瓜分條約而削弱；我這方面本來也會有同樣的擔憂，但結果相反，因爲這種三人生活增添了樂趣，反倒增加了我們的情慾。

由於我們謹慎地按條約辦事，不論是維奧萊特還是我，都毫無妒意。

可伯爵夫人那方卻不然，每次，我當著她的面在維奧萊特面前變成男人時，孩子在接受我撫摸的同時，也得毫不吝惜地給予她最熱烈的撫摸。

我曾叫伯爵夫人對我下過保證，也就是說，絕不乘我不在場時享用維奧萊特。可我並沒有對伯爵件人下過這樣的保證。因此，我只要願意，就能有我親愛的小情婦。而且，伯爵夫人不在場時，我也從未發現自己有所或缺。相反，我承認，作爲畫家，這種三人生活對於我來說既是一種樂趣，也是一種研究。經常，在我們互相親暱時，我會從牀上跳下來，拿起畫本和鉛筆，非但不叫我的兩個模特兒停止發展情慾，反而激起她們新的慾火。這會爲我提供新的姿勢，並能使前所未見的形式美，從如此性感的女人胴體中湧現出來。

在這一切中，我並沒有忘記維奧萊特對我說過的話，也就是她所謂的演戲的志向。我曾叫她學過拉辛❶的《伊菲革涅亞》，莫里哀❷的《虛假的阿涅絲》，維克多·雨果❸的《瑪麗蓉·德·洛爾墨》。而我好像看出，她對喜劇最爲愛好。

而伯爵夫人呢，因爲是在《小鳥》女子寄宿學校長大的，逢年過節在那裡演過喜劇，這在寄宿學校是司空見慣的事。她的高個子，幾乎是男性化的嗓音，賦予其造型和生動的朗誦一種威嚴感，因此，看她們一起排練對我來說是件樂事。尤其是，當我給她們穿上眞正的、讓身體部分裸露的希臘化服裝時，她們便忘情地投入了拉辛戲劇那極爲美妙、極爲强烈奔放的情感中。

這些準備工作頗得我和我的一位戲劇家朋友的認可，我請他給一位戲劇教師寫封推薦信。

他笑咪咪地給了我，並請我提醒維奧萊特，她大概得防備X先生的不良企圖。

我親自送維奧萊特去見X先生。我把朋友的信交給了他，我們讓維奧萊特背誦了三個角色的台詞，而他的看法和我的不謀而合，即她的天分使得她傾向於快樂的事情。他把謝呂班❹的角色給她學。三星期或一個月中，一切順利。可是後來，維奧萊特晚上見到我時，撲上來摟住我的脖子，搖著頭對我說：

「克里斯蒂昂，我不想再去X先生那裡了。」

我問了她原委。

我朋友預料的事發生了。頭四、五節課，師傅對徒弟完全像對一個妹妹，可是漸漸的，他藉口教她協調動作和台詞，竟把手放到她身上。這種撫摸與其說是老師的，不如說是情夫的。維奧萊特不得不推開。

維奧萊特把授課錢付清後，便不再去了。得另找一個。

那位開始時與其前任一樣，而結束時也一樣，或差不多一樣。

有一天，到上課時，她發現他出去了，但他臨走時請她在家等候。

她走進他的書房，見書桌上攤著一本書，卻不是她平時排練用的莫里哀的劇本。

這是本淫書，並且帶有木刻的淫畫。書名是：《高談闊論的泰蕾絲》。

這書名沒告訴她什麼，可她所看到的第一幀畫，就說得比較明白了。書也許是偶然放在她眼皮子底下的。可維奧萊特認爲恰恰相反，並拒絕再去她老師那兒。

確切來說，維奧萊特是激情型，而不是放蕩型。在我認識她的三年裡，在這期間，兩人也好，三人也好，我們在做愛方面使出了渾身的解數，卻從未聽見她嘴裡冒出過一句粗話。

第二位老師的授課錢也付清了，一如對第一位一樣，於是我們便考慮找一種能使她免受糾纏的方式，儘管事情並不容易。

從這時起，我便決定給她找個女的當老師。

我請教了我朋友中的一位大藝術家；她和一位頗有才氣的姑娘有來往，那姑娘在奧迪翁劇院和聖馬丹門劇院演出時曾大獲成功。大家叫她弗洛朗絲。祇是，我們從夏里希特❺那裡逃脫，又落入了西拉❻之口，因爲弗洛朗絲被認爲是巴黎最熱衷於搞同情戀的女子之一。

她從不願結婚，而人們也從未見過她有過情夫。

我和伯爵夫人、維奧萊特商量了一番。

我不想擴大我們的小圈子，因爲憑經驗所知，所有的對愛情不利的因素，都源於一種分割得太碎的生活。然而，我堅持要滿足我小情婦的藝術愛好。

我稍作思考，便和伯爵夫人交談了很久，她那興奮的眼神向我表明，我們的話題具有使她激動到何種程度的本事。因此，我便很快引導她裝出一副崇拜大演員的樣子，然後把維奧萊特作爲受自己關注的孩子介紹給弗洛朗絲，不過同時要採取一種相當明顯的嫉妒態度，以迫使弗洛朗絲儘量自我克制。

當時，弗洛朗絲剛剛創造了一個角色，她在其中展示出各種情感的變化，而她在這方面獨具天賦。

伯爵夫人一副男裝打扮，連拉菲里埃爾❼見了也要受騙上當。她去坐在包廂裡，掀起綠色的擋板，這樣便躲過了觀衆的目光，而只有女演員一人看得見她。不用說，她這身別出心裁的裝束使她顯得魅力十足：黑天鵝絨、絲綢裡的男禮服，水綠色褲子，淺黃色背心，鮮紅色領帶；黑色小髭鬚與黑眉毛協調一致。這足以使模模糊糊看到她的人，把她當作一個十八歲的紈袴子弟。

一大束花放在她身邊的椅子上，那是時髦的花店老板娘巴爾貢太太送來的。一到約定的時候，這束花便落在了弗洛朗絲的腳下。

一位女演員連續三、四個晚上收到價值三四十法郎的花束，終於要看看它們是從哪個包廂來的了。

弗洛朗絲看了看舞台兩側的包廂，看見一個可愛的、中學生模樣的男孩子，她覺得他非常漂亮，不覺心中暗想：

「可惜是個男的。」

第二天和第三天，同樣的熱情來自那觀衆，而同樣的遺憾來自這女演員。

第五天，花束裡夾著一張字條。

弗洛朗絲看見了，可她對我們男性不感興趣，便打算回家後再打開它。她剛剛悶悶不樂地獨自吃罷晚飯，在壁爐一角發呆，忽然想起了那字條。

她喚來了女僕：

「瑪麗葉特，」她說，「今天那束花裡有張字條，把它給我吧。」

因爲沒有銀托盤，瑪麗葉特便用瓷托盤把它送來了。

弗洛朗絲打開讀了。可是，才讀第一行，她的冷漠便消失了。字條上寫道。

說真的，令人愛慕的弗洛朗絲，我寫給您的，是我滿面的羞愧。可每個人都要

經受其不幸的一面。我的不幸便是遇見了您，愛上了您。您料想這準是一位瘋了似的男子寫的。可憐可憐我吧，那並不是我的真面目，而且我要說：我愛您就像一個發瘋的女人。

現在，嘲笑我、蔑視我、拒絕我吧，來自您的一切對我來說都是溫馨的，哪怕是辱罵！

奧代特

讀到「我愛您就像一個發瘋的女人」這句話時，弗洛朗絲發出了一聲喊叫。然後，因爲她對貼身女僕毫無隱瞞，便欣喜萬分地喊道：

「瑪麗葉特！瑪麗葉特！這是個女的。」

「我早料到了。」瑪麗葉特回答。

「傻瓜！那您爲什麼不對我說？」

「夫人，我怕弄錯了。」

「呵！」弗洛朗絲喃喃地說，「她該有多美呀！」

一陣沈默。在這期間，弗洛朗絲像是想讓目光穿透伯爵夫人的男裝。然後，她用無精打采的聲音問：

「那幾束花呢？」

「夫人您很明白，您以爲是男人送的，已吩咐扔掉了。」

「可今晚的那束花？」

「還在。」

「把它給我。」

瑪麗葉特拿來了。弗洛朗絲接過它，得意地看了看。

「妳不覺得它很亮麗嗎？」

「並不比其它幾束更好看。」

「妳這樣認爲？」

「夫人沒好好看它們。」

「呵，」弗洛朗絲笑著說，「我對這束不會這樣薄情的。幫我脫衣服，瑪麗葉特。」

「但願夫人不會把它留在臥室裡。」

「幹嘛不呢？」

「因爲裡面有玉蘭、晚香玉、丁香，所有這些花都香得厲害，會讓人頭痛得要命的。」

「又沒有什麼危險。」

「求夫人還是讓我把花帶走吧。」

「不，妳別碰它。」

「如果夫人您想讓自己憋死的話，您完全有這個權利。」

「如果和花在一起會憋死的話，您以爲馬上死在花中間，就不如過三、四年死於肺病嗎？因爲我有可能會這樣死的。」

弗洛朗絲故意輕輕地乾咳了三、四聲。

「如果夫人您三、四年後會死，」瑪麗葉特說，「那是夫人您自找的。」

「這話怎麼說？」

「我聽見大夫對夫人這麼說來著，就是昨天。」

「怎麼，您聽見了？」

「是的。」

「您偷聽來著？」

「哪裡，我當時在夫人的盥洗室，正忙著倒洗腳水……有時候聽見是無意的。」

「那好！他怎麼說的？」

「他說，夫人最好有兩、三個情夫，這比她自己一個人做那種事情來得好。」

弗洛朗絲做了個反感的表情。

「我不喜歡男人。」她說，同時性感地聞了聞伯爵夫人的那束花。

「夫人請坐下，讓我把襪子給您脫了，可好？」瑪麗葉特問道。

弗洛朗絲坐下了，但並沒答腔，原來她把臉龐埋在了花裡。

她機械地由對方脫了襪，然後又洗了腳。瑪麗葉特在洗腳水中滴了幾滴盧布林❽出產的千種花香精。

在劇院卸妝時，她已經換了襯衣。

「夫人要我在洗身盆裡放哪種香精？」

「還是那種。就是我可憐的德尼茲喜歡的那種。瑪麗葉特，妳知道吧，半年來我一直很忠於她。」

「知道，您把身體也搭進去了。」

「哦！我好想她，在幹那種事時……而且在我感到舒服時，我就小聲地說：『德尼茲！……德尼茲！……』」

「今晚您又要說德尼茲了嗎？」

「噓！」弗洛朗絲把一根手指擱到嘴上，笑咪咪地說。

「夫人您還需要我嗎？」

「不需要了。」

「如果明天夫人您病了，您可得說句公道話：這不是我的錯。」

「如果我明天病了，我只怪自己，我答應您了。晚安，瑪麗葉特。」

「晚安，夫人。」

瑪麗葉特出去了，一邊嘴裡嘟囔著，活像喜劇中的一個被慣壞了的貼身侍女，或比這更糟，活像喜劇中的一個掌握女主人全部祕密的貼身侍女。

弗洛朗絲獨自面對活動穿衣鏡，兩盞枝形大燭台在上面燃著。她聽了一會兒女僕漸漸遠去的腳步聲，然後便踮著光腳，把房門的門栓推上。

於是，她回到鏡子前，在燭光下重讀了伯爵夫人的字條，又吻了吻，然後放在梳妝臺上伸手可及之處。她鬆開髮束，讓頭髮垂下。隨之又鬆開繫襯衣的帶子，手按身體，以去除這最後一件衣服。襯衣一落下，她也就一絲不掛了。弗洛朗絲是個褐髮美人，有一雙藍色的大睛睛，眼睛周圍永遠有一層茶褐色的眼影；一頭長髮直垂膝彎，遮住了她那有些瘦削、但仍然比例勻稱的玉體。

瑪麗葉特剛才已給我們解釋了這瘦削的原因。可有一點她也許是無法解釋的，儘管她對主人的祕密瞭如指掌，那就是，弗洛朗絲身體的前部長滿了稠密的汗毛。

這奇特的裝飾直到胸部，在那裡，它像一個矛頭滑到兩個乳房之間，然後變細，一直往下走，與覆蓋住肚子下部的那塊汗毛匯合，於大腿之間消失，轉而又出現在後背的下部。

弗洛朗絲很爲這裝飾感到驕傲，它似乎把她變成了一個兩性複合體，因此她格外精心地保養它，還給它灑香水。有一點值得注意，那就是，其它各部位的皮膚完全不長汗毛；而那皮膚雖是褐色，其色調卻極美。

她開始得意非凡地照鏡子，並銜自己嫣然一笑，然後用一把精緻的刷子梳理這片迷人的苔蘚，它桀驁不馴地挺立在鬃毛下。按著，她從那束花裡挑出幾枝最香的花，編了一個花冠，戴在自己頭上，又在自己的長髮上灑滿晚香玉和黃水仙，把陰阜變成一個玫瑰園，用帕爾馬[9]的紫羅蘭把它和胸部連接。就這樣全身蓋滿鮮花，陶醉於花中散發出來的馥郁濃香，她慵懶地躺在擺在活動鏡前的長椅上，以便連身體最小的部位也能看得見。終於，她雙目失神，兩腿挺直，腦袋後仰，鼻翼顫動，嘴唇翹起，一隻手五指分開，裹住胸部的一個半球，另一隻手下意識地、像是被一種不可抗拒的力量驅使似地，一直滑到祭臺，自私而孤獨的女祭司便在那裡獻祭，她的手微顫著伸進了玫瑰中，神經質的顫慄開始晃動整座美麗的性感雕像；繼下意識的動作之後，便是一些不可理喻的話，一聲聲壓抑的嘆息，接著是愛的喘息，再就是呻吟，這當中已聽不出被叫了三次的「德尼茲」一名，卻能辨出不那麼柔和的「奧代特」一名。

這是她半年來對美麗的俄國女子的首次不忠。

註釋：

❶ 法國戲劇詩人（一六三九—一六九九）。

❷ 法國劇作家、喜劇演員（一六二二—一六七三）。

❸ 法國作家（一八〇二—一八八五）。

❹ 法國作家和戲劇家博馬舍（一七三二—一七九九）的作品《費加洛的婚姻》

中情竇初開的激情少年。

❺虛構出來的看守墨西拿海峽的魔鬼，它一天要吞入三次大量的海水，其中帶有被漩渦捲入的輪船。

❻虛構出來的六頭魔鬼，吞食落在它暗礁上的海員。

❼法國法學家（一八四一——一九〇一）。

❽波蘭城市。

❾義大利城市，其紫羅蘭十分有名。

第八章

翌日，一進女主人的臥室，瑪麗葉特便用探究的目光撒目四顧；她看見長椅擺在活動穿衣鏡旁，地毯上舖滿花，弗洛朗絲精疲力竭地躺在牀上，嚷著要洗澡。她搖了搖頭低語道：

「哦，夫人！夫人！」

「噯，想說什麼呀？」弗洛朗絲眼睛半睜半閉地問。

「我在想，巴黎最英俊的小伙子和最漂亮的女人在爲您發瘋呢。」

「我難道不配嗎？」弗洛朗絲問。

「喲，夫人！我可沒這麼說，我的意思恰恰相反。」

「那好，我像他們一樣，我爲我自己發瘋。」

「夫人眞是不可救藥，可要是換了我，哪怕是顧忌輿論呢，也得有個情夫。」

「妳要怎樣，我無法忍受男人，而妳，瑪麗葉特，妳喜歡他們嗎？」

「都喜歡，不可能；只一個，可以的。」

「男人愛我們純粹是出於自私自利，是爲了讓我們看看我們漂亮不漂亮，是爲了讓他們自己和我們一起看看我們是否有能耐。」

「不，要我對一個男人百依百順，這男人就得出類拔萃才行；這樣子，我對他即使沒有愛情，起碼也有欽佩之情。」

「唉，我可憐的孩子，我失去母親時，都還不認得她呢。我父親是個數學家，是他把我一手拉扯大的，弄得我除了線條、正方形、圓圈，其它一概都不信。他把上帝叫作大單位，宇宙叫作大整體，而把死亡叫作大問題。他離開人世時，我才十五歲，既沒留給我財產，也沒留給我幻想。我當上了演員，可現在，我的學問對我又有何用呢？大部分時間我用來輕視我演的作品，找出劇情安排的錯誤。

一種智力結構對我又有何用呢？

找出劇中的眞情所在，感情上的錯誤；在來給我唸劇本的作者的自尊心面前聳肩膀；我把我大部分的成功斥之爲錯誤之舉，是對低級趣味的鼓勵。我起先想和平常人一樣說話，誰知沒產生效果。於是我邊說邊唱，結果大受歡迎。我最初把我的角色塑造得很規矩、很有詩意、很出色，大家說：不錯，很不錯。於是我做大動作，轉動大眼睛，大喊大叫，結果大廳差點沒在一片喝彩聲中倒場。我身上的優點我自己很看重，而恭維我的男人們卻不稱讚它們；我對美是這樣理解的，而女人們卻是那樣理解的。

恭維不當與批評得當一樣，同樣會傷人。謝天謝地，多虧我的缺點和優點，我掙的錢足以使我不需要任何人。

欠某個男人什麼，於是對他說：『喂，這是我的身體，你在上面找補償吧！』與其這樣，我寧可死掉。

可女人呢？

我接納女人只是因爲我能駕馭她們，我是男人，是丈夫，是主人；可她們是反覆無常、固執任性、不可理喻的；除少數幾個以外，女人是一種低等動物，生來就是受支配的。征服一個女人絕非易事！可到時候她們居然還抱怨您專制，而且欺騙您。

不，不，妳懂吧，瑪麗葉特，最理想的駕馭，就是駕馭自己，只做自己喜歡做的事，只去自己想去的地方，只服從自己的意志，不給任何人以權利對您說：我要。

在我看來，任何人沒有這個權利。我二十二歲時，是個處女，像文爾米尼、克洛蘭德、布拉達芒特一樣守身如玉，一旦我厭倦了我的童貞，我就把它，痛苦和快樂，獻給我自己；當我死時，我不願哪個男人有權對我說；該女子屬於我。」

「這是夫人的看法，沒什麼可說的。」

「這不是我的看法，瑪麗葉特，這是我的哲學。」

「至於我，」瑪麗葉特繼續說，「我知道，如果我死時還是處女，我會感到很丟人。」

「我敢保證，這種倒霉事不會出在妳身上的。來給我穿衣服吧，瑪麗葉特。」

弗洛朗絲懶洋洋地下了牀，走過去坐在活動穿衣鏡前的長椅上。

我們前面已經說過，確切來說，弗洛朗絲並不是一個漂亮女人，但她卻有一張富有表情的臉；雖說這女人從來只感受過想像中的愛情，但她卻擅長表現達到瘋狂程度的、急風暴雨式的感情。這是屬於多爾瓦勒❶和馬里布朗❷型的曠世奇才。

她洗了澡，喝了一杯巧克力當午飯，溫習了一遍台詞，把伯爵夫人的信讀了十遍，情緒激動了半天。晚飯吃的是一盤清燉肉湯，兩塊軟炸塊菰和四隻波爾多❸螯蝦。

然後，她渾身顫慄著去了劇院。一位英俊青年，或確切來說是伯爵夫人，正坐在其包廂裡，旁邊的椅子上放著一大束花。

到第四幕，戲正演得哀婉動人時，伯爵夫人把花拋給了她。

弗洛朗絲拾了起來，連化妝室也顧不上回，就在其中找字條，並讀了起來。那字條的內容如下：

我得到寬恕了嗎？我急不可耐地自己來找答案了。如果您已原諒了我，請從我的花束中取一朵花戴在您的頭上。這樣一來，最幸福的情婦就成了最幸福的妻子。我和我的車子會在演員出入的門口等您，因為我希望您不要回家一個人冷冷清清地吃夜宵，還是到我家來，和我一起吃一隻雞翅膀吧。

奧代特

弗洛朗絲想也不想，就從花束裡抽出一枝紅茶花戴在頭上，就又入戲了。

奧代特幾乎要衝出包廂爲她鼓掌；弗洛朗絲設法給了她一個飛吻。

半小時後，伯爵夫人的遮簾雙重四輪轎式馬車停在了邦第街。弗洛朗絲僅顧得上用冷霜去掉了脂粉和口紅，用米粉擦了擦臉，便披上一件高加索山脈呢便袍，衝到了街上。伯爵夫人的黑人奴僕打開了車門。弗洛朗絲撲進了車裡。那黑人登上了坐位，車夫便趕緊出發了。

伯爵夫人伸出胳膊接住了弗洛朗絲，可我們對弗洛朗絲關於自己尊嚴的看法有所了解。她沒有接受伯爵夫人給她提供的位子，即要她坐在她懷裡和膝蓋上，而是反過來動作迅猛地促住伯爵夫人，把她像孩子一樣舉起，只一個同樣的動作，一個角力者把對方打倒在地的動作，便讓她橫躺在自己身上，而又一個同樣的動作，嘴貼在了對方的嘴上，舌頭塞進了對方的唇間，同時解開對方的褲釦，伸手向大腿間摸去。

「投降吧！」弗洛朗絲笑著對她說，「想不想得救，我英俊的騎士。」

「我投降，」伯爵夫人說，「而且只求一件事，就是別救我∴我願死於您的手。」

「那麼死吧。」弗洛朗絲發狂似地說。

果然，五分鐘後，伯爵夫人受著一種富有誘惑力的臨終的折磨，奄奄一息，喃喃低語：

「呵！親愛的弗洛朗絲，在您懷裡噓氣有多甜蜜呀，我要死了……我要死了……我要死了……」

最後一口氣剛斷，車子便停在了……號門前。

兩個女人仍然氣喘吁吁的，她們互相依偎著上了樓。

伯爵夫人口袋裡有房間的鑰匙，她打開門，又在身後關上了它。

候見廳裡亮著一盞中國燈籠。從那裡，伯爵夫人領著弗洛朗絲進了臥室，臥室剛由一盞玫瑰紅波西米亞玻璃燈照明。接著，伯爵夫人終於打開了餐廳的門，只見一張擺好的桌子被照得亮如白晝。

「我親愛的心上人，」伯爵夫人說，「您允許的話，我們將自己進餐；我很想對您說：『我要穿著騎士服來伺候您。』可我覺得，這會妨礙我們做那種事。所以我要把這討厭的男裝脫掉，穿鬥士服來見您。這是盥洗室，我覺得它夠齊全的，凡您所需要的，裡面都有。」

我們熟悉伯爵夫人的盥洗室，就是她讓維奧萊特進去過的那間。一塊白色大理石擱板環繞四周，上面放著杜布克❹、拉布雷❺和蓋爾蘭❻的成套高級香水。五分鐘後，伯爵夫人進來找她的朋友。

去了粉紅絲襪、藍天鵝絨鬆緊襪帶、同料同色的女式高跟拖鞋，她便一絲不掛了。

毋庸說，整個居室是由一種溫度均衡的暖氣設備供暖的。

「請原諒我這一身，」伯爵夫人笑著說，「我想洗一洗，您弄得我不得不這麼做。我還想問問您，您喜歡哪種香水。」

「難道我有權選擇嗎？」

「當然有，就像爲您自己選擇一樣。」伯爵夫人回答道。

「那好，我看見那兒有法利那❼科隆香水。您看怎麼樣？」

「不必問我，」伯爵夫人說，「您覺得好就行。」

水裝在一個長頸大肚玻璃瓶裡。弗洛朗絲把整整一大瓶都倒在了一個漂亮的塞夫勒瓷坐浴盆裡，很內行地混入四分之一科隆香水，然後跪在浴盆邊，從大理石梳妝台上取過海綿，說道：

「我來給您洗洗好嗎？您剛才當了我的男僕，現在該我來當您的女僕了。」

伯爵夫人一邊答話，一邊跨進浴盆，坐在上面。

「喂，」她笑問，「您在幹什麼呢？」

「我在看您，我美麗的情婦，」弗洛朗絲說，「我覺得您眞是光彩照人。」

「這對您來說再好不過了，」伯爵夫人說，「因爲這一切都是屬於您的。」

「多秀美的頭髮！多潔白的牙齒！多光滑的脖子！讓我吻吻您的乳頭吧。可以肯定，您會覺得我很醜，我可不敢在您面前脫掉衣服；多麼柔滑的皮膚！而我，將是一副黑人模樣，而這片火紅色的陰毛！多麼神奇！和您相比，我眞成了一個地地道道的燒炭人了。」

「住嘴吧，開什麼玩笑，別讓我等了；我的陰毛之所以是火紅色的，那是因爲房子著火了……熄滅它吧……熄滅它吧……」

弗洛朗絲讓海綿滑到伯爵夫人的大腿之間，清涼的水和輕微的摩擦，令伯爵夫人發出了一聲淫蕩的低叫。

「我用手碰到您了嗎？」弗洛朗絲說。

「沒有，不過就算碰到了，您也別太在意。」

在那引起快感的狹谷的底部，有一條開出的路，弗洛朗絲用海綿在上面過了兩、三回，然後便任它滑脫，開始光用手摩擦。

伯爵夫人朝嫺熟的按摩者俯下身去，她的嘴唇與弗洛朗絲的嘴唇相遇了。然後她驀地起身，雙手按住對方的肩膀，於是她那濕漉漉、香噴噴的下身，便齊著了對方的嘴唇。弗洛朗絲僅來得及道聲謝！

她把嘴唇貼在那張嘴上，它比第一張更芬芳，而且意想不到地到了面前。然後，她跪著走，而伯爵夫人則退著走；她把對方朝一張長沙發推去，到了那裡，她順勢倒下，猶如古羅馬的鬥士，而在這種情況下，她的姿勢仍然十分優雅。

儘管伯爵夫人不大習慣在這類較量中扮演被動角色，她還是很快明白，這位神經質而瘦削的褐髮女子，比自己更男性化。她像第一次一樣甘拜下風；而因爲弗洛朗絲使用的第一因素比第二因素更靈巧、更複雜，她很快便從對方的動作中認出了它的優越性。因此她確信，她在給予伯爵夫人以極度的快樂。

兩個胴體一動不動地待了幾秒鐘。人盡皆知，在此類享樂中，給予一方的感受與接受一方的感受幾乎同樣的强烈。弗洛朗絲首先恢復知覺，她跪起來，像是對著自己剛剛獻過祭、現在還在冒熱氣的祭壇禱告了片刻。她的目光，她的面部表情，她的微笑，她下垂而疲憊的胳膊，從身體的各個方面證明她達到了心醉神迷的境地。

弗洛朗絲對男性身上的美不敏感，因爲她自己幾乎是個男人，她喜愛女性身上的美；不過她此時有種不安，而在這不安之路上她已邁出了第一步。她怕自己這種美伯爵夫人不喜歡，這驕傲的女子爲此深感屈辱。

因此，當伯爵夫人也甦醒過來，解開弗洛朗絲的束腰繩時，弗洛朗絲便四肢發抖，一如孩子就要把自己純潔的身體亮給母親以外的人看似的。

可伯爵夫人卻很性急。一陣沁人的芳香從正脫著的襯衣的各個開口處逸出，伯爵夫人從袖筒、從胸前的敞開處聞了一番；這芳香直衝她的腦門，令她陶醉。

「怎麼，」她急得火燒火燎一般，「妳難道不是女人，而是一朵花嗎？得，我就光聞不喝算啦；哦！美人，哦！稀奇之物！」她一面脫光弗洛朗絲的上身，一面喊道，「汗毛！不，綢緞！濃密的汗毛！……芳香四溢的汗毛——這意味著什麼呢？」

伯爵夫人開始咬這迷人的汗毛，她用的是齒端，不過卻把嘴唇都貼了上去。汗毛從胸部的凹陷處出現，往下走，到肚子上變細，到大腿根又變寬。在離開寓所時，弗洛朗絲從裡面摘除了整整一束新鮮的紫羅蘭花瓣。

奧代特脫光襯衣，這回輪到她來跪在這大自然的揮霍浪費之物面前了，眞叫人以爲這是一種藝術的欺騙。她開始用鼻子和嘴在這濃密的毛中搜尋，猶如蜜蜂在玫瑰中搜尋一般。

「得啦，」她說，「我都無法定下神來了；這樣子妳不僅更美，而且比我漂亮！」

於是，她用雙臂緊緊抱住她，把她托起來，直到她自己起身。然後，嘴唇貼著嘴唇，她把她帶到了餐廳。

兩人都裸著進了這鏡子組成的宮殿，在那裡，無數的水晶玻璃同時映照出她們玉體的全部美，以及枝形吊燈和枝形燭台的全部光芒。

她們相擁著對視了片刻，每個人都爲自己的美、也爲女伴的美而感到驕傲；接著，她們從一把椅子上拿起兩條白裹毯：一條飾有金箔片，另一條飾有銀箔片，都透明得像是用空氣織成，液態黃玉般的冰鎮香檳酒，在磨砂花紋玻璃長頸大肚瓶裡熠熠閃光。她們得用一隻杯子喝，於是又一次地，這一位的嘴唇貼住了另一位的。

註釋：

❶ 法國女演員（一七九八—一八四九），專演浪漫戲劇。

❷ 原籍西班牙的法國女歌唱家（一七七五—一八三二）。

❸ 法國港口城市。

❹❺❻ 均爲十八世紀香水研製者，事略不詳。

❼ 義大利化學家，批發商，科隆香水的研製者（一六八五—一七六六）。

第九章

起先是一些情夫對情婦常有的小小的關懷：一隻被細緻地切下、澆上檸檬汁和伊蓋姆城堡酒的雞翅膀，酒是被一隻愛情之手斟在磨砂花紋水晶玻璃杯中的；一個用香檳酒和桂皮燉的塊菰，它比其餘的更黑、葉脈更清楚，而且是用放蕩的牙齒在裡面咬過才遞過來的；用同一隻碟子、同一把匙子吃的奶油；糖漬桃子，用去了核留下的紅紫色開口處在乳頭上罩過後，那乳房白得就像去了美麗絨毛的桃肉。所有這些都夾雜著熱烈的吻，它們相繼落在胳膊上、肩膀上、嘴唇上。末了，兩個人都站起來，由身上的白裹毯落下。伯爵夫人如水果女神波莫納，捧走了一金絲簍水果；而弗洛朗絲則如酒神巴克斯的女祭司，端走一滿杯起泡沫的香檳酒。

兩個人胳膊互相纏繞著走近了牀，一個把水果簍、另一個把高腳杯放在了一張大理石牀頭櫃上，牀頭櫃呈斷柱狀，深處藏著一個形態可愛的塞夫勒磁花瓶。接著四目對視，像是在問：「誰將開始？」

「呵！」伯爵夫人說，「謝天謝地，我覺得該是我。」

弗洛朗絲大概覺得這請求是對的，便沒有答話，而是把嘴唇貼住了伯爵夫人的，給了她一個熱吻，然後仰天躺下，叉開了雙腿。

在這奇特的、兼有男性之陽剛和女性之陰柔的胴體面前，伯爵夫人癡迷了一會兒；她取下吃夜宵時別頭髮的鑲金嵌珠的梳子，給這位獨具魅力的心愛女子、首席女神、以「索尼婭」這一動人的名字深得大衆喜愛的神祕的愛血絲❶權當王冠。

鑽石和金子熠熠生輝，一起被埋在這濃密的毛髮中。梳齒已全部嵌入，卻仍到不了嫉妒的伯爵夫人想封住的那個口。

於是，她屈膝下跪，因爲那剛剛加給聖人的華麗裝飾物並不妨礙她獻祭，她便輕輕地把弗洛朗絲的大腿擱在自己肩上，分開這遮住洞口的濃毛，到達陰唇，她把它打開，而它宛如一個襯粉紅綢裡的黑天鵝絨首飾盒。

一見這意想不到的美麗之物，她欣喜地叫了一聲，把嘴貼上去，對著陰蒂又咬又嚙，它因獲得快感而挺直，於是她用舌頭撫摸了一會兒，然後，她想把從我這兒得到的更深入更多情的撫摸給她，可是，繼一聲歡叫之後卻是一聲驚呼：她發現原以爲開著的通道卻是閉著的。她騰地站起來，待弄淸楚她萬萬沒想到的障礙確乎是存在的，便揪住弗各朗絲的衣領把她提起來，盯住她熱切地問：

「這是怎麼回事？」

「這個嘛，奧代特，」弗洛朗絲笑著說，「很簡單，就是說，我是處女，或者說是少女，如果您用詞挑剔的話。」

「妳能區分一下處女和少女嗎？」

「想必區別是很大的，親愛的心肝，處女就是任何人的嘴、任何人的手指都沒有碰過，甚至其本人的手指都沒有碰過；處女就是從沒有享受過肉體快樂的純潔女子；而少女呢，直截了當地說，就是她自己也好，別的男人和女人也好，不管誰用手摸，她都能使處女膜保持完好無損。」

「呵！」不勝歡喜的伯爵夫人喊道，「那麼說我找到一個完全沒被男人接觸過的女人了！呵，知道吧，我都不敢相信，我美麗的弗洛朗絲！」

「儘管相信好了，」弗洛朗絲說，「妳停下來那會兒，我可眞想給妳兩句，呵！壞蛋，我開始感到有些癢了！……回到妳的位子上去，我親愛的奧代特，如果還有什麼絕妙、獨特的東西令妳吃驚，等完了再對我說。」

「還有一句話！」

弗洛朗絲把一根手指直滑到陰蒂那兒，自己繼續輕輕地摩擦了一番，好不讓快感的溫度計降到零度。

「說吧。」她說。

「那麼說，妳是少女，卻不再是處女囉？」

「是的，因爲我在等妳這會兒做的事，懶蟲，足以使我失去純潔。」

「男人們，」伯爵夫人猶猶豫豫地繼續說道：「男人們是否對妳失去純潔要負某些責任？」

「他們沒有一點責任；從沒有哪個男人看到過我的身子，也從沒有哪個男人摸過我摸的地方。」

「呵！」奥代特嚷道：「我想知道的正是這些。」

於是她撲到弗洛朗絲身上，拿開她的手指，把嘴熱烈地貼在大自然使之成爲快活之地的淫蕩的陰道上。

弗洛朗絲發出了一聲輕叫；也許她有點明顯地感到了牙齒的撫摸，可奥代特的舌頭很快代替了牙齒，而這內行的舌頭很快就查明，弗洛朗絲沒撒謊，即使她不是處女，也是百分之百的少女。

至於弗洛朗絲，她很快就察覺了兩件事，第一件：受著爲她效勞的一張熾熱的嘴的折磨，比起僅僅被一根手指激起亢奮，要來得適意，而爲了使肉體享樂多樣化，各種因素都起了作用：嘴唇嗍，牙齒咬，舌頭舔。第二件：在俄國的德尼茲和奧代特之間有條鴻溝。

快感在她身上是由淫蕩的喊叫表露的，聽起來會讓人以爲是痛苦的喊叫，伯爵夫人吻過別處，又吻她的嘴時，她幾乎要暈過去了。

「呵！該我了，」她氣息微弱地說，「該我了。」

於是她滑到牀下，姿勢就像受傷的古羅馬鬥士。伯爵夫人取代了她在牀上的位置，一個遊蛇般的動作，便挨近弗洛朗絲的腦袋，而那位仍然被快感壓得起不來，嘴裡喃喃地說：

「呵，妳剛才聽見的，如果被一個男人聽見了，我就再也不敢抬頭啦。」

此時，伯爵夫人離弗洛朗絲近得連陰毛都碰到了她的頭髮。美麗的女演員爲之一顫，鼻翼動了動，她抬起頭，睜開眼，嘴剛好衝著這把火，只一眼，她便起了强烈的慾念。

弗洛朗絲最初的瘋狂的情慾過去，她疲憊了，卻並沒有厭倦，而是有了稍多一點的閒暇來品嘗幸福；她溫柔地吻這芳香的陰毛，然後便打開它，用眼睛來評判伯爵夫人交給她支配的愛情的瑰寶，這樣的評判比起觸摸來得更準確。

伯爵夫人從未生育過，陰唇和陰道完好無損，而且十分鮮艷。是那種被稱之爲美女腿的悅目的粉紅色。她把大陰唇分開，而此刻，眼睛卻投向裝滿葡萄、桃子、香蕉的水果簍。她拿了一個最小、顏色卻是最紅潤的桃子，把它放在小陰唇上，又用大陰唇把它半合上。」

「妳在幹什麼呢？」奧代特問。

「讓我幹吧，」弗洛朗絲說，「我在給妳嫁接。妳想像不出這桃子配上框有多好，我眞想當個寫生畫家，把這桃子畫下來，不是爲了桃子，而是爲了那畫框。」

「這是可能的，」奧代特又說，「可它的絨毛像無數根針一樣扎得我生疼，儘管詩人們把它吹得天花亂墜，說它像我們面頰上的汗毛。」

「好吧！等一等。」弗洛朗絲說。

她用一把銀刀去掉了桃皮，而這像一片一折爲二的玫瑰花瓣的桃皮，曾害得一位驕奢淫逸者一夜沒睡好，剛才則極爲敏感地刺激了伯爵夫人的粘膜。然後，她把桃子剖成兩爿，去掉桃核，又把它放回框裡。

「好極了，」奧代特說，「瞧，它有多香甜，多新鮮。它能使人得到解脫！」

「呵！妳要是能看到該有多好！……這半爿桃子就像妳自己的一半，並正在讓妳重新變得純潔。呵！我眞想在此刻吃妳，妳要是感覺到我的牙齒，就制止我，否則我會吃掉妳的。」

她一面仍然用手把半個桃子按在大陰唇上，一面把嘴貼在去了核而形成的粉紅色的凹處，然後用舌頭和牙齒擴大並蹂躪它，津津有味地享用它；與此同時，奧代特則懷著一種不可名狀的喜悅，準備感受給予桃子的動作而引起的快感。她感到那破壞工具正在接近她，它正在挖掘並毀掉阻止它與她接觸的障礙。

終於，整個障礙去除了，再也沒有什麼能阻攔這羊頭撞錘，它已經突破了前方防禦工事，開始與堡壘本身接觸。

哦！堡壘是敞開的，正巴不得接待敵人，它敞得那麼大，以致弗洛朗絲感到了它的軟弱無能。她一邊繼續幹著，一邊又把目光投向水果簍，她伸出手去拿了一枚最美麗的香蕉，剝去皮，片刻都不容奧代特去猜想她在幹什麼，便塞到了下面。她把一頭用牙咬住，猛然把另一頭推進陰道深處，就這樣讓水果作來回運動，就像一位情夫用別的物件這麼幹一樣。奧代特發出了一聲驚訝而欣喜的喊叫。

「哦！」她說，「妳簡直成了男人！……當心呀！……我會恨妳的……哦！……哦！……我恨妳……我恨妳……哦！妳讓我好快活！……我眞愛妳！……哦！……哦……」

這回輪到伯爵夫人暈過去了。

弗洛朗絲此時在牀腳邊，躺在地板上，她在自己身上試了試那枚最出色的水果的功效，儘管磨去了整整三分之一，由於那層處女膜，它仍然停在了陰道口，既衝不破那層障礙，又不能勉强滑進去。

她把無能爲力的香蕉扔得老遠，重新把氣喘吁吁的伯爵夫人豎放在牀上，像翻身上馬一樣地跨了上去，準備把對方要給自己的快樂還給她。她把自己分開的大腿貼在對方的嘴上，而同時，她把自己的嘴貼在了奧代特分開的大腿間。

於是，像五月裡交歡的兩條遊蛇，兩個胴體合二爲一，胸脯壓著肚子，大腿繞著腦袋，手抱著屁股，一時間話語都停止了，只聽得懣悶的呼吸聲，幸福的絲絲聲，做愛的嘶啞聲，性感的嘆息聲。然後，驟然，一片寂靜，胳膊已鬆開了，大腿已落下了，每個人在低喚對方名字的當兒，同時都享受到了肉體的快樂。

這回，休息了好一段時間。彷彿是兩位競技者已死去或至少已睡去。終於，只聽得她們的嘴唇裡吐出了一言，是不論沈浸在歡樂還是痛苦中的心都會吐出的第一言必是最後一言：

「我的上帝呵！」

她們甦醒過來了。

片刻之後，她們互相摟著，上氣不接下氣、披頭散髮，目光無精打采、雙腿跟跟蹌蹌地從牀上不由自主地滑下來，去躺在一張又長又寬的橢圓形長沙發上。

「呵！我美麗的弗洛朗絲！妳給了我多少快樂。」奧代特說，「是誰讓妳想到要吃桃子的？」

「是大自然；水果從來就不是長在哪兒就讓人在哪兒吃的。用這種方式撫摸妳是頭一回吧？」

「對。」

「太好了，我找到了一樣新東西……用香蕉呢？」

「呵！親愛的！我還以爲我要死了呢。」

「呵！這是兩回事，這更像一個情夫給予的快活，既然伸到陰道裡去的是一個異物。這就是男人勝過我們的地方。」

「顯而易見，男人是有優勢的囉？」

「唉，是的，我們能點著火，卻熄不滅。」

「而他們呢？」

「呵！他們呀……能熄滅。幸虧藝術把大自然拒不給我們的特長還給了我們。」

「這話怎麼說？」

「它發明了仿製品。」

「那東西眞有用嘛？」弗洛朗絲好奇地問。

「大概是有的。您從沒有見過嗎？」

「從沒有。」

「是不是很想見見？」

「當然。」

「您知道男人是什麼樣子的嗎？」

「知道，是通過雕塑。」

「沒通過別的法子？」

「沒有。」

「您從沒有見過男人的身體？」

「沒有。」

「呵！那我倒也要教給妳一樣新東西。」

「您也有新東西？」

「有各種各樣的呢。」

「哦，那我們看看吧！」

「我發現我們不再以『您』稱呼了。」

「那有什麼，反正我們是相愛的，對嗎？」

「哦！是的。」

兩張美麗的嘴相觸了。

「等一等，等一等，」奧代特說，「我這就去取我全部的首飾盒。」

「讓我和妳一塊去吧。」

「來吧。」

奧代特把弗洛朗絲帶到盥洗室，在那裡，她打開了一個帶鏡衣櫃的雙層底，從裡面拿出了一個首飾盒，和兩個皮套，即類似於土耳其人馬鞍兩旁放手槍的那種。

然後，她們把這些東西帶回到長沙發上去。

「我先給妳看首飾盒……」奧代特說，「裡面裝的，不光是歷史文物，而且還是一件藝術品。人們乾脆認爲是邦弗努多・塞里尼❷的作品。」於是奧代特打開紅天鵝絨首飾盒，給弗洛朗絲看一件眞正的象牙雕塑珍品。

這是男人性器官的複製品，準確無誤，毫無誇張。龜頭、陰莖，光滑得令人讚嘆，準備留在男性或女性施動者手中的睪丸，則堪稱所能見到的最精緻的雕塑。

在模仿得維妙維肖的粗糙的表皮上，在睪丸的鼓起處，一邊雕上了法國百合，一邊則交叉地雕上了迪亞娜❸的紋章——三個新月。

毋庸置疑，這枚美妙絕倫的珍品當屬聖瓦利埃之女、布雷澤先生之寡妻和弗朗索瓦一世❹和亨利二世❺之雙重情婦的。

弗洛朗絲仔細端詳了一番那物件，始而驚訝、好奇，繼而表示讚賞。

驚訝是因爲她這是第一次看見和觸摸此類物件。好奇是因爲她不了解其結構。

最後是讚賞，因爲弗洛朗絲不管怎麼樣是個藝術家，而這是件藝術品。

在陰莖的根部，也就是在長睪丸的部位，可以辨出幾片雕刻得極爲細緻的陰毛。你幾乎看不出那地方可以拆開。打開後，便露出複雜如錶的機械。通過內部的一種擒縱機構，便可推動一個活塞，這活塞是通過一個仿造的小口，把一種能減弱性慾的液體射入陰道。

這種液體，可以是奶，可以是蜀葵水，甚至可以是魚膠，反正是比所有其它液體更接近精液的物質，以用來取代之。

弗洛朗絲對物件之粗大略感詫異，因爲它比塞進自己身體的香蕉粗一倍。可伯爵夫人微微一笑，以最簡單的演示作爲回答：她把它按了一下，它就輕而易舉地不見了。

「妳看，」她說，「我那兒並不大。」

弗洛朗絲俯下了身子。果眞如此，那仿制品可以一直塞進去，直到被睪丸擋住。

起先，她把手放在上面動它，就像動香蕉一樣。

有一股壓力，但可以感到，隨著這股壓力的增大，快感也在增大。

「沒灌奶可別幹！」伯爵夫人說，同時止住了弗洛朗絲。

等這歷史文物被欣賞夠了，便轉入留在天鵝絨套裡的那些中的一個。取出的兩個中的第一個是橡皮做的一般仿製品。法式的或英式的，只是比成批生產的要考究些。確切來說在當時生產對象是西班牙或義大利修道院。在那裡，每年都要售出兩百多萬個。

這個和迪亞娜的那個相仿，平常尺寸，長五、六英寸，根部有眞的陰毛，塗成肉色。射液體的裝置較爲簡單；因爲該材料在手指的作用下會彎曲，因此只要在約定的時刻按一下睪丸，事先灌入的液體就會射出來。

這個並無任何特色，所以端詳起來遠不如第一個費時，而第一個則非常可能有幸爲迪亞娜·普瓦吉埃效過勞。

接著轉入第三個。

這個令弗洛朗絲發出一聲吃驚而幾乎是恐懼的喊叫。的確，它有可能長爲七、八英寸，直徑爲五、六英寸。

「呵！」她說，「這個可不是迪亞娜用的，而是巴西法厄[6]用的。」

「我也稱它爲巨人來著！這是南美的一種珍品，里約熱內盧[7]、加拉加斯[8]、布宜諾斯艾里斯[9]、利馬[10]的女人是什麼樣的，由此可知大概。不過妳看，活做得有多出色！」

的確，對於一個業餘鑑賞者來說，簡直無可挑剔。它是用一種極爲光滑的樹膠做的，陰毛植得猶如出自巴黎一流理髮師之手的不自然的前留海。它是按照雕塑家的方式，用與實體一無二致的模子製造的。

像那個法國珍品一樣，只要按一下睪丸便可射出液體；只是容納的液體可射五、六次，因此那種無以言傳的快感，也便可更新五、六次。

「可是，」弗洛朗絲因無法用手把它握攏，便不住地重覆道，「這簡直是個怪物，沒有哪個女人能接受這樣一個物件。這東西是胡亂造出來的。」

奧代特含笑不語。

「妳倒是答話呀，」弗洛朗絲不耐煩地說，「別再嘲弄我了。」

「我沒嘲弄妳，我的小弗洛朗絲，」奧代特說，「不過妳要好好地聽我講。」

「我洗耳恭聽。」弗洛朗絲說。

「如果一個女人面對自己孤獨的情慾很冷靜、不衝動，她想用這種尺寸的一個珍品玩玩，當然得費費力才能進去，可兩個女人之間經過好幾次撫摸之後，情況就不同了。其中手指、嘴、一個平常尺寸的珍品都可能在其中起作用。在快感被激起後，充當情夫的女子繼續刺激、誘發、增強充當其情婦的女子的情慾，在這情慾激增的時刻，她把抹上冷霜的仿製品頂端放到分得很開的陰唇口，輕輕地、毫不粗暴地推進去，一旦進去後，就會使對方的快感達到最高潮。」

「不可能的。」

「妳想看著嗎？」

「我在誰身上試呢？」

「在我身上試吧，我豁出去了。」

「我會讓妳四馬分屍的。」

「呵！會的，會的，我希望這樣。」弗洛朗絲喊道。

「等一等。」

伯爵夫人大概料到會有這個結局，早已在一盞酒精燈上用一把銀茶壺把稀奶油溫熱。她去把三個珍品中最大的那個取出，並準備好，然後，從同一個天鵝絨袋裡找出一根塑料腰帶。

「到這兒來。」她對弗洛朗絲說，一邊鼻孔顫動著，這表明所有這些準備工作令她有多麼激動。

「幹嘛呀？」弗洛朗絲懼怕地問。

「我要把妳變成一個男人。」

弗洛朗絲走近來。伯爵夫人用腰帶把那個最大的仿製品給她拴在陰阜上，然後把灌入奶油的文藝復興時期的文物放到她手裡；最後，她吻了吻弗洛朗絲，掀掉牀罩，仰天倒在了牀上。而那位作爲天賦條件極好的小伙子，則渾身哆嗦著。

「我叫妳怎麼做，妳就怎麼做，」她說，「一步步來。」

「放心吧，」弗洛朗絲說，她和伯爵夫人同樣也興奮，「妳就是叫我把妳撕成碎片，我也會照辦的。」

「嘴……嘴……」

弗洛朗絲把迪亞娜·普瓦吉埃的情夫放在地上，開始用嘴做她最拿手的撫摸。她感到，這非常溫柔的撫摸必須和隨之而來的粗暴的撫摸不相上下才行。同樣的，奧代特用同性戀女子表示溫存的全套功夫來回答她。弗洛朗絲是她的女友、天使、心肝、靈魂；那淫蕩的嘆息一個音符一個音符地從她快樂得直哆嗦的嘴唇裡蹦出，直到最後，她上氣不接下氣，僅能夠說：

「迪亞娜……迪亞娜……」

弗洛朗絲心領神會，她伸出手撿起那皇家珍品，把它塞進陰唇下面，好讓肉體享樂不中斷。她果眞順利地繼續下去了，而且十分嫻熟，使得那音階不但不停止，反而更尖利。弗洛朗絲目不轉睛地看著那珍品運動，只見它進去、出來，披一身淫蕩的白沫，伯爵夫人已說不成話，只是發出輕微的喊叫、突然，她身體僵直了，並喊道：

「奶……奶……」

弗洛朗絲鬆開彈簧，而一聲長嘆表明，伯爵夫人正在進入那種只有性交才能產生的快樂，因爲性交之後便是一陣舒緩。可伯爵夫人知道，在這快樂後面，還有一種更大的快樂，就等她發號施令了。因此，在其犧牲者發出的輕輕的呻吟中，弗洛朗絲辨出了這幾個字：

「巨人！……巨人！……」

弗洛朗絲正等得不耐煩呢。時候到了，她就要眞正地扮演自己的角色了。她把迪亞娜，普瓦吉埃的那個珍品拔出來，扔到地上，因爲回出來的奶濕潤了陰唇，她認爲沒必要用冷霜了。她直起身子，動作熟練如男人一般；她把巨人的龜頭塞入小陰唇，把勁推進去。伯爵夫人喊了一聲，挺直身子頂住疼痛，一面說道：

「幹吧……幹吧……儘管……幹吧……哦！妳把我撕碎了，推呀，推呀……呵……行了。」

伯爵夫人說得對，這最後一次試驗大概令她快活到了極點。這已不再是情意綿綿的喊叫，而是怒吼，其中夾雜著斷斷繼續的話：

「妳的嘴，舌頭……抓住我的胸脯……嗍我的乳房……呵！上帝！我多快活……呵！……到時候了，夾緊大腿，夾緊大腿……射……呵，我英俊的巨人！……再來一下，呵，再來一下！……」

伯爵夫人每說「再來一下」，弗洛朗絲就射出一束火，這火直進到奧代特的五臟六腑。

終於，伯爵夫人求饒了。

弗洛朗絲走開去，把腰帶解下，讓它和它的附屬物一起落到地毯上。

伯爵夫人暈倒在牀上，胳膊和腿叉開著。

弗洛朗絲感到一陣眩暈；她把那象牙珍品重新灌滿奶，仰面躺在牀對面的長椅上，分開陰唇，一隻手撫摸陰蒂，另隻手把仿製品的龜頭對準處女膜按。可她很快發現，她這樣使不上勁。於是她換了個姿勢。她把兩個枕頭挪近長沙發，把胳膊肘輕輕地支在上面，打算等在快感中肯定能找到對付痛苦的輔助辦法時再按；然後，她開始用右手逗弄，而左手則不讓那珍品搖晃，既不讓它向前，也不讓它向後，這令人讚嘆的手法乃來自於經驗；隨著快感的漸强，她有節奏地扭動著腰，並一點一點地按，始終讓痛苦落在快樂後面。然後，感到快感來臨了，便全身放鬆，可卻按得更用力了，發出了一聲喊叫，又發出了一聲喊叫，接著鬆開彈簧，這時，她感到一股愛流湧入全身，於是她發出了第三聲喊叫，然而卻是快活的、幸福的喊叫，同時用手使皇家珍品作來回運動，終於，她朝後一仰，像游蛇似地扭成一團，結束了這番肉體享受。美麗的伯爵夫人聽到弗洛朗絲的喊叫，從牀上坐起來，吃驚地望著她。

驕傲的少女信守了自己的諾言；她把自己的童貞獻給了她自己，而且只獻給了她自己。

祭品在伯爵夫人的橢圓形長沙發上留下了斑斑血跡。

我們已有三天三夜沒見到伯爵夫人了，第四天，她來向我們宣布，翌日，維奧萊特將開始到弗洛朗絲那裡去上課。由於伯爵夫人在弗洛朗絲面前裝得嫉妒心十足，而且裝得很像，那位便向伯爵夫人保證，她除了讓維奧萊特分享其驚人的才華，是不會讓她幹其它事的。

兩位累斯比厄⓫的弟子爲她們的結合舉行了儀式，伯爵夫人對其新的性關係開始產生濃厚的興趣，但也沒有忽略維奧萊特。在弗洛朗絲的指導下，她繼續學了很長時間戲，並初次登台演出便大獲成功。

我們迷人的愛情生活持續了好幾年，然後……然……呵！最後的那些日子寫起來眞叫人傷心。我應該就此結束這故事，只寫到我一生中最美好的一段時光爲止。可是，既然開了頭，就得寫到底。

伯爵夫人總打算把維奧萊特從我的愛撫中奪走。一天晚上，在一次排練後，她在自己的包廂裡設法纏住了她。

孩子著了涼，咳嗽起來。大家沒當回事。她變得很不舒服了。而自從她身體不適以來，她似乎更淫蕩了。儘管醫生一再指責，我們仍然相戀，而且頻頻做愛。

冬天，她病倒了，整個夏天都蔫蔫的。當十一月來臨，凜冽的北風乍起，刮得枯葉滿地時，我們把可憐的小維奧萊特送到了她最後的棲身之地。

她是在我懷裡斷氣的。斷氣前她對我說：

「我的克里斯蒂昂，我愛你。」

我命人用一口玻璃大鐘罩住了她的墓，我和伯爵夫人在下面的草坪上種滿了花，而那花名，也就是她的芳名，我們哭了她很久。後來，一方面是弗洛朗絲之戀，一方面是日常生活及其瑣事，對訣別時刻那辛酸的回憶，便漸漸被抹去了。

我竟至忘了在她的逝世紀念日去摘那小花，它們的根在肆意地吸取我小情婦的養份。

倒是伯爵夫人比較忠誠。她有時還給我送花來，並附上這樣幾個字：

無情無義！

既然我們那曇花一現的愛情講述完了，我便把我的手稿捲起來，用繩紮上，而且……隨它去吧……我把它隨便一扔，竟扔到了聰明的出版人的桌上。他想必夠機敏，會把它順手接住的。

註釋：

❶古埃及神話中司婚姻、農業、最爲大衆化的女神。
❷義大利文藝復興時期的藝術家、冒險家。
❸德龍省專區政府所在地聖瓦利埃領主之女，後嫁給諾曼底省的司法總管，三十二歲上成爲寡婦，很快便成爲未來的亨利二世之情婦。
❹法國國王（一四九四——一五四七）。
❺法國國王，亨利一世之子（一五一九——一五五九）。
❻希臘神話中古老的太陽神赫利俄斯之女。
❼巴西首都。
❽委內瑞拉首都。
❾阿根廷首都。
❿祕魯首都。
⓫拉丁詩人加杜爾爲其情婦克洛迪亞起的富有詩意的名字，他把她暗比薩福，這累斯博斯島的女詩人和多情者。

金楓出版社

世界性文學名著大系
小說篇・法文卷8

維奧萊特的羅曼史
Le Roman de violette

總編輯／陳慶浩
作者／馬努里伯爵夫人(Comtesse de Manoury)
譯者／微谷

發行人／周安托
印行／金楓出版有限公司
地址／台北市羅斯福路三段65號5F
電話／(02)3621780-1
傳眞／(02)3635473
郵撥帳號／10647120
登記證／行政院新聞局局版台業字第3561號

總經銷／學欣文化事業有限公司
地址／新店市民權路130巷6號
電話／(02)2187229
傳眞／(02)2187021
郵撥／1580676-5
初版一刷／1994年8月
法律顧問／董安丹
國際書號／ISBN：957-763-013-8

定價／新台幣150元

本書根據法國原版譯出